दोहों की गूंज

(दोहा संग्रह)

विभा वर्मा 'वाची'

PRACHI
DIGITAL PUBLICATION

Title : Dohon Ki Goonj
Author : Vibha Verma 'Vachi'
Edition : First (February, 2025)
ISBN : 9789348332776

Published by

PRACHI
DIGITAL PUBLICATION

Regd. Add.: 254, Khuriyakhatta No. 10, Bindukhatta,
Lalkuan, Nainital - 262402, Uttarakhand, India
Website : www.prachidigital.com
E-mail : info@prachidigital.in
Phone : +91 976041 7980, +91 976041 8103

Printed by :
Manipal Technologies Limited, Bengaluru - 560001, Karnataka

अनुक्रमणिका

क्र.सं.	शीर्षक	पृष्ठ सं0
	भूमिका	7
	लेखकीय	8
1	आभार	11
2	होली का त्योहार	12
3	एकता	13
4	मीत	14
5	हितकर दोहा	15
6	पवित्र	16
7	पंडित	17
8	अपनाओ वही जो हो सर्वदा सही	18
9	तुमसे राहत तुमसे दर्द	19
10	हिंदी	20
11	समर्पण	21
12	कानन	22
13	व्रत	23
14	मीठा जहर	24
15	तपता सूरज	25
16	चाय	26

17	मृदुल वाणी	27
18	बसंत	28
19	तूफ़ान	29
20	कपूत	31
21	उत्साह	32
22	विकास	33
23	साल की विदाई	34
24	भोर आई अलबेली	35
25	इच्छा	36
26	फूल पर दोहे	37
27	प्रकृति	38
28	प्रतीक्षा	39
29	स्वजन	40
30	क्रंदन	41
31	निर्मोही	42
32	कलम	43
33	प्रेम	44
34	अक़्ल	45
35	गौ माता	46
36	कार्तिक पूर्णिमा	47
37	शीत	48
38	उत्कृष्ट	49
39	तृष्णा	50
40	भाई – दूज	51
41	गोवर्धन	52
42	दीपावली	53
43	दोहा–दोहा	54
44	नवरात्रि	55

45	योग	56
46	रोटी	57
47	गंगा	58
48	मंदिर	59
49	गीता	60
50	वट सावित्री	61
51	पक्षपात	62
52	उत्साह	63
53	विकास	64
54	साल की विदाई	65
55	भोर आई अलबेली	66
56	इच्छा	67
57	फूल	68
58	प्रकृति	69
59	प्रतीक्षा	70
60	स्वजन	71
61	क्रंदन	72
62	निर्मोही	73
63	कलम	74
64	प्रेम	75
65	वाणी	76
66	समारोह	77
67	नशा	78
68	अक़्ल	79
69	श्रम	80
70	बाल दिवस	81
71	गौ माता	82
72	परिवार	83

73	ख़ंजर	84
74	हृदय बसाए मीत	85
75	एकता बनाए रखें	86
76	बरसात	87
77	प्रेमातुर	88
78	मीठा जहर	89
79	तुमसे राहत तुमसे दर्द	90
80	सावन बीता जा रहा	91
81	बतकही	92
82	तर्पण	93
83	भोला भंडारी	95
84	शिव शंकर	96
85	कठपुतली	97
86	नारी शक्ति	98
87	गीत–जीवन है संग्राम।	99
88	हिंदी पर दोहे	100
89	काजल	101
90	माता	102
91	मज़दूर	103
92	धरती अपनी	104
93	उड़ान	105
94	अपना गाँव	106

भूमिका

कवयित्री विभा वर्मा 'वाची' जी का 'दोहों की गूँज' नामक यह दोहा-संग्रह दोहों के रसिक प्रेमी-जन को अद्भुत काव्य-आनंद प्रदान करने वाला है। इस दोहा-संकलन में कई विषयों की कविताएँ दोहा-छंद के रूप में संग्रहित की गई है। ये दोहा-छंद कविताएँ होली, दीवाली, नवरात्रि, रक्षाबंधन और भाई-दूज जैसे पावन त्योहारों को लेकर लिखी गई हैं। इसके अलावा गौ माता और नारी शक्ति को लेकर इन दोहों में बड़ी महत्त्वपूर्ण एवं प्रेरणादायक बातें कही गई हैं। कुछ दोहों में कवयित्री के अपनी जिंदगी के खट्टे-मीठे अनुभव भी हैं। आशा, निराशा, प्रेम और सहानुभूति इत्यादि अनेक मनोभावों को लेकर दोहा-छंदों की रचना की गई है।

विभिन्न विषयों को लेकर लिखी गई यह काव्य-पुस्तक मानव के अंदर एक नई प्रेरणा, आशा, सहानुभूति और करुणा का भाव जगाती है। इस पुस्तक में कवयित्री विभा वर्मा 'वाची' जी ने कई मानवीय मूल्यों को रेखांकित किया है।

मैं आशा करता हूँ कि उनकी यह दोहा-पुस्तक हमारे भारतीय समाज के अंदर एक नई जागृति, प्रेरणा और उत्साह लेकर आएगी। मैं इस पुस्तक की सफलता की कामना करता हूँ।

डॉ0 पवित्र कुमार शर्मा
वरिष्ठ साहित्यकार
शील साहित्य सदन,
धौलपुर (राजस्थान)

लेखकीय

माँ शारदे का नमन करते, छंदाधिपति गजानन महराज को सादर प्रणाम करते हुए अपनी मन की बात प्रस्तुत कर रही हूँ।

हमारे मन में न जाने कितने विचार विचलित करता है। उतार चढ़ाव आते हैं, आकांक्षाएँ अनेक हैं बस पाने की लालसा लिए आगे बढ़ रही हूँ। कोशिश करने वालों की हार नहीं होती और एक दिन मंज़िल मिल जाएगी। यही आशा के साथ, मेहनत करती हूँ। आज मेरी तीन पुस्तकें एक साथ प्रकाशित हो रही है।

(1) प्रेरणा के पंख

(2) दोहों की गूँज

(3) काव्यांजलि

पहली पुस्तक "**प्रेरणा के पंख**" में कुछ छोटी-छोटी लघु कथाओं के माध्यम से मानव जीवन में प्रेरणा श्रोत भरने की कोशिश की है।

दूसरी पुस्तक "**दोहों की गूँज**" में समसामयिक विषयों पर दोहे छंद के माध्यम से संकलन किया है।

तीसरी पुस्तक "**काव्यांजलि**" में काव्य संग्रह कर नई दिशा की ओर अपनी लेखनी को प्रस्तुत किया है जो सदाचार और आत्मिक सामाजिक मूल्यों को दर्शाता है।

पहली पुस्तक "काव्यारूण" काव्य संग्रह, दूसरी पुस्तक "बचपन की उड़ान" सरल भाषा में बच्चों के लिए कविता संग्रह प्रकाशित हो चुकी है। भावपूर्ण रचनाएँ बच्चों के मन को खूब लुभाती है। माँ सरस्वती की कृपा बनी रहे, लेखनी अविरल चलती रहे। आप सभी के आशीर्वाद की आकांक्षी हूँ। पुस्तक को सरल भाषा में लिखा गया है। अवश्य पढ़ें, आशीर्वाद दें।

मैं सर्वप्रथम नमन करती हूँ अपने माता –पिता, सास ससुर और अपनी बहनों का। जिनके आशीर्वाद से आज इस मुकाम तक पहुँच पाई हूँ। सबसे पहले अपने पति श्री अरुण कुमार वर्मा जी का हृदय तल से आभार प्रकट करती हूँ। बिना उनके आशीर्वाद के एक पग भी बढ़ाना मुश्किल–सा है। हर पल साथ देना, हौसला बढ़ाना उनकी फितरत है।

अपने तीन पुत्र अभिषेक, अनिमेष और अभिनव का शुक्रगुजार हूँ, जिनके उत्साहवर्धन से मैं लिखने की कोशिश करती हूँ।

धन्यवाद।

विभा वर्मा "वाची"

आभार

प्रथम आभार आपको, हे गणपति विघ्नेश।
तुझे विघ्नकर्ता कहूँ, हरना तू हर क्लेश।।

नमन करूँ माँ शारदे, देना तुम वरदान।
कृपा सदा सब पर रहे, दूर रहे व्यवधान।।

करती हूँ आभार मैं, मात-पिता को आज।
दिया संस्कार तब मुझे, जग जीने का राज।।

प्रथम प्रणाम तुम्हें गुरू, दिया आपने ज्ञान।
आभारी हूँ आपकी, पाया जग सम्मान।।

करूँ आभार अनल का, मिलता यह उपहार।
श्वाँस उस्वाँस मिल रहा, पौध लगा उपचार।।

जीवन उधार में मिला, रखें इसे संभाल।
मंडल का आभार कर, टूटे कभी न ताल।।

आभारी इस धरा की, करा दिया पहचान।
खाने को रोटी मिला, सुंदर एक मकान।।

ऋणी रहूँ संसार की, जहाँ मिला पहचान।
मानव मिल कर ही रहें, छूट न जाए जान।।

करती हूँ आभार प्रभु, सुखी रहे संसार।
विपदा रखना दूर भी, ख़ुशियाँ मिले अपार।।

होली का त्योहार

बैर भाव सब भूल कर, गले मिले हैं यार।
देता है संदेश यह, होली का त्योहार।।

पावन होली पर्व है, लाया शुभ संदेश।
रंग चढ़ा लें प्रेम का , बदलें अपना वेश।।

होली पावन पर्व है, उत्तम यह त्योहार।
इसका है संसार में, पौराणिक आधार।।

होली के त्योहार में, उड़े प्रीत के रंग।
हुरियारों की टोलियाँ, करती मिल हुड़दंग।।

मस्ती में सब झूमते, पीकर सारे भंग।
होली के त्योहार में, रहते मस्त-मलंग।।

लाल गुलाबी रंग में, रँगता है संसार।
शुभम सभी का दिन रहे, मंगलमय त्योहार।।

रंग-बिरंगें रंग में, सजे हैं नर-नार।
होली शुभ त्योहार है, ख़ुशियाँ मिले अपार।।

धरती अंबर झूमते, झूमा यह संसार।
है पलास कचनार भी , रंगों का आधार।।

भर पिचकारी ले लिये, खेले सारे भ्रात।
नीले पीले अरु हरे, लिए गुलाबी तात।।

एकता

रहे एकता देश में, जज्बा रखते आप।
तोड़े कोई हौसला, दे जाते संताप॥

महापुरुष ने राष्ट्र को, दिया सरल संदेश।
अखंडता में एकता, यही मंत्र का वेश ॥

देश सभी क्यों बाँटते, हुआ बुरा अंजाम।
हाथ एकता का बढ़ा, बनते सारे काम॥

जात–पात को छोड़ कर, रहते एक समान।
काम एकता से करें, छोड़ें अपनी आन ॥

इसी धारणा से सभी, रखते मन की बात।
रहें एकता से सभी, बल तब मिलता सात॥

शांति–अमन पथ एकता, रखें इसे संभाल।
अच्छे कर्मों को करें, नहीं बिछायें जाल॥

भारत माँ से प्यार कर, बनता वही सपूत।
टूटे कभी न एकता, मिलता मान अकूत॥

हम सब बच्चे देश के, दिखे एक ही रूप।
जहाँ कहीं हो एकता, वहीं दिखे हैं धूप॥

राजा हो या रंक जो, रहते एक समान।
मार्ग एकता का चुने, जीते अपनी शान॥

मीत

लिखी तराना प्यार में, रचा उसीसे गीत।
तान सुरीली छेड़ कर, हृदय बसाए मीत।।

शब्द बहाए प्यार में, नैन बहाए नीर।
सुनी तराना मीत ने, तनिक धरेंगे धीर।।

किसे सुनाऊँ मैं पिया, वही पुरानी गीत।
शाम सुहानी हो चली, बात बनाये मीत।।

वेणु बजते मुरार की, और बजाते साज।
चलो चलेंगे साथ ही, मीत सुनाये राज।।

कहे जमाना आपसे, छोड़ पुरानी रीत।
वहीं सुनाते मीत जब, मधुर सुहाना गीत।।

तान छेड़ते प्यार से, नदी किनारे मीत।
हुई सुहानी शाम तब, सुखद सलोने गीत।।

चलो चलेंगे दूर हम, रहें अकेले मीत।
मलय बयारें बह चली, राग-रागिनी गीत।।

शाम सुहानी हो रही, मधुर पुरानी याद।
मीत चलेंगे संग में, बैठ बजाए नाद।।

आज मुरारी संग में, छेड़ अनोखे गीत।
सुनी राधिका पास थी, रंग दिखाए मीत।।

हितकर दोहा

वाणी शब्दों की मधुर, होते हितकर सार।
शोर मचा बातें करें, कर देते लाचार।।

शब्द समाहित बोल में, करें एक उपचार।
बातें हितकर में करें, जैसे शुद्ध अहार।।

बिछा रहा इंसान खुद, राहें अपने शूल।
हितकर में जो काम हो, करो न कोई भूल।।

मायावी संसार में, लगे न कोई रोग।
बोलें हितकर बोल ही, समझे सारे लोग।।

काम क्रोध तजिए मनुज, होगा जग कल्याण।
आत्म शुद्धि करते रहे, हितकर है निर्वाण।।

छूकर पारस जो बढ़े, स्वर्णिम काया रूप।
अंतस मन उज्वल करे, हितकर होगा धूप।।

करना संशय मत अगर, हितकर में जो कर्म।
पढ़ते महान ग्रंथ जो, समझें जीवन मर्म।।

पारस मन हो जाइए, कंचन काया जान।
हितकर मन को धारिये, पावन आगर खान।।

मानव अपना कर्म कर, बने नहीं बेशर्म।
हितकारी वो धर्म है, करो नहीं दुष्कर्म।।

पवित्र

है पवित्र रिश्ता बड़ा, भ्रात–बहन का प्यार।
करें कपट छल मत कभी, और न अत्याचार।।

दर्शन हो प्रभु आपका, है पवित्र यह द्वार।
रखना चरणों में मुझे, करना बेड़ा पार।।

आशा है प्रभु आपसे, दर्शन देना खास।
मन पवित्र रखते सभी, आये तभी उजास।।

देना प्रभु आशीष तब, करती हूँ आभार।
रिश्ते सभी पवित्र हैं, जाऊँ कभी न हार।।

सत्य सनातन धर्म ही, सिखलाता संस्कार।
आत्मा रहे पवित्र जब, तब करते स्वीकार।।

शब्द बड़ा अनमोल है, उच्चारे जब नाम।
गुरुवर के आशीष से, बने सुखद यह धाम।।

हर पवित्र बातें लिखी, करती हूँ गुणगान।
तभी मिलेगा मान यश, होगा नवल विहान।।

ध्यान बुजुर्गों का रखें, है पवित्र आशीष।
साथ सदा अपने रखें, झुके सानिध्य शीश।।

मेरा तेरा क्या लगे, हो पवित्र बुनियाद।
राम भजन करते रहें, मिलता आशीर्वाद।।

पंडित

जो राहें पंडित चले, उसी राह पर भीड़।
दास्ताँ अपनी हो शुरू, घुसे नहीं सब नीड़।।

पंडित जब पंडित बना, देता ज्ञान प्रकाश।
वसुधा से उठकर चला, लेता छू आकाश।

कंटक से राहें भरीं, पंडित भी लाचार।
पग-पग पर बाधा मिली, हर पथ लिया संवार।।

भेद अधर्मी का खुला, पंडित हो बदनाम।
लाख जतन कर-कर मरा, कोई आय न काम।।

जीवन की शुचिता जिसे, मार्ग बताया नेक।
उन्हें अधर्मी ही बता, कोई दिया न टेक।।

ज्ञान सुधारस दे दिया, पुलकित होते आज।
शीश झुकाकर है नमन, पंडित सकल समाज।।

दीन सुदामा मित्र बना, पंडित बन सुखधाम।
वहीं द्वारिकाधीश ने, बाँटा सबका काम।।

ख़तरे में पड़ता तिलक, चन्दन भी बेकार।
ब्रह्म देव रक्षा करें, पंडित जी लाचार।।

पंडित की हालत बुरी, दें संवार समाज।
दान दक्षिणा देय से, छुपा शिष्य सुन आज।।

अपनाओ वही जो हो सर्वदा सही

अपनाओ जो हो सही, वही सर्वदा मान।
जीवन मुश्किल में पड़ी, कर दे सहज सुजान।।

आंधी या तूफ़ाँ घिरे, होना मत मजबूर।
जीवन नैया डूब कर, मत कर चकनाचूर।।

विवश होकर फिर गिरे, सही नहीं था काम।
मंजिल पाने के लिए, मत होना बदनाम।।

उगता सूरज याद कर, आकांझी बन यार।
बदलेंगे वह रूप भी, भव से बेड़ा पार।।

दिखे मखमली राह पर, सुखद बिछौना आज।
सही सर्वदा कार्य हो, अमित मधुर परवाज।

जीवन के उस मोड़ पर, जहाँ कठिन थी चाह।
मन विचलित होता अगर, सुगम पथिक की राह।।

मायावी संसार में, रहते कितने लोग।
राह सही पर चल पड़े, करते नित उपयोग।।

अपनाओ जो हो सही, वही सर्वदा काम।
द्वार खुलेंगें ईश का, जाना है सुख धाम।।

तुमसे राहत तुमसे दर्द

आशाएँ जब टूटती, बाधाएँ दिन रात।
तुमसे राहत थी मिली, बेदर्दी–सी बात।।

आकांक्षी बन थे फिरे, बेहायी हर बार।
दुष्कर्मों से घिर गये, गांधारी बन हार।।

तुमसे राहत थी मिली, तुमसे मिलता दर्द।
गोविन्दा जब साथ हों, हारेंगे हर मर्द।।

चैतन्या प्रभु की कृपा, संस्कारी थे लोग।
लाभार्थी हम आप थे, धर्मार्थी बन भोग।।

खामोशी से आप भी, पूछेंगे हर बात।
राहत देते हैं नहीं, दिए अज्ञानी मात।।

गोविन्दा आशीष दें, संस्कारी पहचान।
आभारी हम आप हैं, दातारी भगवान।।

तुमसे राहत थी मिली, तड़पाया भी खूब।
दर्द भरी वह रात थी, खामोशी में डूब।।

सत्कर्मी दुनिया रहे, बेदर्दी भगवान।
अज्ञानी बन थे फिरे, अंजानी सी जान।।।

उससे राहत थी मिली, किया एक ही अर्ज।
सहकर्मी वह मीत थे, नादानी के मर्ज़।।

हिंदी

हिंदी संस्कृत की सुता, रखते उनका ध्यान।
वर्ण स्वरों के मेल से, भाषा का हो ज्ञान॥

हिंदी भाषा हिंद की, होती है पहचान।
राष्ट्र भाषा हिंद बने, रखना इसका ध्यान॥

हिंदी भाषा हिंद की, देश बनी पहचान।
भारत गौरवमय रहे, गाओ इसकी गान॥

भाषा हिंदी जान से, प्यारा लगता आज।
हिंदी बिना हिंद नहीं, यही हमारी नाज़।।

विश्व जगत में मान हो , हिंदी सबकी शान।
जन–जन की भाषा रहे, भारत बने महान।।

देवों की यह लिपी बनी, हिंदी का आधार।
ज्यों सागर के सीप में, मोती ले आकार।।

सुंदर सरल विचार से, करे दिलों पर राज।
मानस की हर पंक्ति को, सजा दिया है साज।।

हिंदी सरल भाषा बनी, हिंदी सभी की जान।
हिंदी बिना जीवन नहीं, हिंदी सभी की शान।।

हिंदी हिन्दोस्तान है, भारत की पहचान।
सभी देश वासी खड़े, हिंदी उनकी जान।।

समर्पण

त्याग समर्पण से मिले, आत्म बलों का साथ।
धर्म-कर्म के साथ ही, ले हाथों में हाथ॥

रहे समर्पण देशहित, करते हैं कुछ काज।
बिना तृषा के ही जुटे, सेवा करें समाज॥

रहे समर्पण भावना, रखें सभी का ध्यान।
आन-बान अरु शान से, करें देश का मान॥

आत्म समर्पण ही सदा, दिया मृदुल अहसास।
मन की जो हो भावना, बन जाएगा ख़ास॥

बलिदानी हैं देश के, इनका हो सम्मान।
किया समर्पण देश को, देकर अपनी जान॥

आज देश को है मिला, सुंदर सा उपहार।
आत्म समर्पण से सभी, जीत लिया संसार॥

सिया समर्पित थीं सदा, लेकर श्री का नाम।
साथ-साथ वह चल पड़ीं, छोड़ दिया श्री धाम॥

सिया समर्पण से हिला, स्वर्णिम लंका द्वार।
नहीं सका वह छू कभी, युद्ध गया था हार॥

आत्म समर्पण कर दिए, फिर लंका से भाग।
दहन किया बजरंग ने, लगा पूँछ में आग॥

कानन

सुरभित कानन कुंज है, सुमन खिले चहुँ ओर।
हर्षित सारे जीव हैं, देख चकित मन मोर।

कानन में तरु झूमते, पंछी बैठे डाल।
मन प्रमुदित देखे हुआ, युवा वृद्ध सब बाल।

कानन में सुंदर लगे, पेड़ धरा की छाँव।
सूरज की गर्मी नहीं, सुंदर है यह ठाँव।

वृक्षों से कानन सजे, फूलों से है बाग।
कोयल पंछी गा रहे, देख मधुर तब राग।

लदे फलों से कुंज भी, भ्रमर करें गुंजार।
चहक रहे वन जीव हैं, पाकर गंध अपार।

सुंदरता वन बाग की, मनमोहक अभिराम।
कुदरत ने अनुपम रचा, बिना लिए कुछ दाम।

बिन कानन जीवन नहीं, समझें इसे न व्यर्थ।
कानन सारे काट कर, करने लगे अनर्थ।

व्रत

सनातनी भारत धरा, पालन करते धर्म।
व्रत–त्योहारें मानते, दिल से करते कर्म।।

व्रत धारण करते वही, छोड़ें सभी प्रमाद।
पूजन वंदन कर तभी, चढ़ते भोग प्रसाद।।

व्रत कठोर पालन किया, बिना नीर के साथ।
नहा–खाये उपासना, अर्ध्य चढ़ाए हाथ।।

करते व्रत उपवास जो, मिलता है वरदान।
दें ग़रीब को दान तब, मिले आशीष जान।।

नियम कठिन उपवास कर, मन्नत माँगें ख़ास।
व्रत का फल मिलता सदा, रखते मन में आस।।

जो भी निर्जल व्रत करें, होता घर आबाद।
दान पुण्य करते रहें, कटता सभी विषाद।।

लिए कठिन संकल्प तब, व्रत का होता मान।
कर जोड़े मन्नत करें, मिलता है वरदान।।

रखता व्रत मन शुद्ध तब, तन हो जाए पाक।
प्राप्त पुण्य व्रत कर्म से, चढ़े न कोई चाक।।

हो जाए मन संयमी, व्रत करने से जान।
सच्चे मन की साधना, मिलता जीवन दान।।

मीठा जहर

मानव बन मीठा ज़हर, बदला अपना वेश।
हौले–हौले दे रहा, सारा वह संदेश।।

दिखता उसका तब असर, कड़वी बातें बोल।
लगता मीठा ज़हर –सा, खुलता जाता पोल।।

नेता मीठा ज़हर दे, किसकी खोलें पोल
अपनी ढकने के लिये, बजा रहे हैं ढोल !

बात व्यर्थ की वो करें, फँस जाते हैं लोग।
लगते वे मीठा ज़हर, मकड़ जाल का योग।।

वाणी में विद्रूप हो, शब्दों में उपहास।
बोल लगे मीठा ज़हर, यह कैसा परिहास ?

जीवन जीने के लिए, लिए एक संकल्प।
उगलें जो मीठा ज़हर, दूरी रखते अल्प।।

यारों घोलो मत ज़हर, होते तुम बदनाम।
सारे नेता एक से, व्यंगवाण से काम।।

घोलों मन में मत ज़हर, मीठी वाणी बोल।
मिले तभी सम्मान है, जीवन बने न झोल।।

छाया बुख़ार इश्क़ का, जिगर में उठा हीर।
बना वही मीठा ज़हर, बातें देता पीर।।

तपता सूरज

भानू उगले आग तब, जीना हुआ मुहाल।
सूख गई नदियाँ यहाँ, सूख पड़े हैं ताल।।

वृक्ष धरा से कट रहे, धरती तप कर लाल।
हरियल धरा नष्ट हुई, जीना अब बेहाल।।

सूखी धरती खेत था, जीवन नैया हार।
जीना हुआ मुहाल तब, बदल दिया आकार।।

भीषण गर्मी से यहाँ, सारे हैं घबराय।
ताल-तलैया सूख हैं, कितने शोर मचाय।।

व्योम से धरा तक तपा, चहुँ दिश मचता शोर,
धरती माता तप रही, आय निंदिया भोर।।

व्योम आग उगले रहें, धरा हुई बेहाल।
दिनकर बेदर्दी बना, जीना हुआ मुहाल।।

हुआ नौतपा दिन बड़ा, सभी हैं परेशान।
नौ दिन पारा था चढ़ा, प्यासे कितने जान।।

स्वेद बहे हैं गेह से, धरा गई है दरक।
जीव-जन्तु मरते गए, सूख रहे थे हलक।।

क्रोध बहुत है नर-नारि में, नहीं मृदुल व्यवहार।
तो घर के हर लोग का, जीना हो बेकार।।

चाय

मना रहें हैं चाय की, दिवस आज है ख़ास।
तलब लगी जब चाय की, पीने की थी आस।।

चाय रानी नहीं मिले, हुआ नहीं तब भोर।
महारानी व बोलती, मचता घर में शोर।।

हुआ सबेरा चाय से, मस्ती भरा विहान।
पहली चुस्की चाय की, मिले ताजगी जान।।

मीठी प्याली चाय की, करते पसंद लोग।
फीकीं कितनों को नहीं, जमता इसका योग।।

ज़रूरत पड़ती चाय की, फटा दर्द से माथ।
ठंड बहुत जब पड़ रही, चाय कड़क हो हाथ।।

कुल्हड़ वाली चाय तो, भरती मन में आस।
सौंधी मिट्टी से भरी, चाय बनी थी ख़ास।।

धरा निराली असम की, चाय अनेक प्रकार।
दार्जिलिंग की चाय को, करते सारे प्यार।।

यारी सारी चाय की, महफ़िल सजती मस्त।
होता ख़ाली कप अगर, जीवन होता अस्त।।

अदरक वाली चाय की, स्वाद भरा कुछ और।
जो भी पीते ठंड में, मजा मिले हर कौर।।

मृदुल वाणी

जहाँ मृदुल वाणी चले, वहीं झुके संसार।
शत्रुता शत्रु की भूल कर, करता सबसे प्यार।

मीठी वाणी बोलिए, देता औषधि प्राण।
दु:ख दूर तन से हुआ, देता सही प्रमाण।।

मीठी बोली कम करे, जो थी कटुता आज।
सारे बंधन तोड़ कर, वही सजाता ताज।

मीठी वाणी खोल दे, रहता बंद किवाड़।
दु:ख बढ़े कटु वचन से, जो घर देता फाड़।।

जीवन में यदि चाहिए, सबसे अपनी मान।
मीठे वाणी से बने, अपनी ही पहचान।।

मीठे रस में घोल कर, बोलें बोली तोल।
कहते ज्ञानी जन जरा, सोच समझ कर बोल।

बोल मृदुल जो बोलता, लेता सबको जीत।
बोली से दुश्मन बने, बोली से ही प्रीत।

कहने से पहले सदा, करना सभी विचार।
मुख से निकली बात फिर, रहे नहीं अधिकार।

बोल मृदुल वाणी सदा, होता नहीं विनाश।
छिड़ता जाता जंग है, उसे बचाओ काश।

बसंत

धरा बसंती हो गई, आया है ऋतुराज।
रौनक़ बढ़ती ही गई, हर्षित है मन आज।।

धानी चूनर ओढ़कर, धरा रहे इतराय।
ठंडी बयार बह चली, खेत भी लहलहाय।।

कोयलिया भी कुक रही, गुलशन भी महकाय।
मधुप गुनगुन ढूँढता, भटक पड़ी कलि हाय।

पुरवैया भी बह चली, झरी पुरानी पात।
नई कोपलें खिल गईं, हुआ सभी को ज्ञात।।

फूल टेसु के खिल रहे, आया नया निखार।
पीत वसन पहनी धरा, करे सभी शृंगार।।

तूफ़ान

आएगा तूफ़ान जब, हिम्मत कभी न हार।
डट कर करते सामना, जीतेंगे हम यार।।

टक्कर खा पत्थर सभी, तोड़ दिया था बांध।
आँधी आ बिखेर गई, बिखरा पड़ा सडांध।।

राहें कठिन न हो कभी, लेते यदि हम ठान।
करता पर्वत भी नमन, थम जाता तूफ़ान।।

टकरा कर ही टूटता, था भीषण तूफान।
बारिश अधीर कर रहा, हुआ बहुत नुक़सान।।

मानव भी बेचैन थे, नहीं उसे था भान।
भटक रहे थे वे सभी, खोते अपनी जान।।

रौद्र रूप आया लिए, था भीषण तूफान।
बारिश ज़्यादा तेज थी, बिखर पड़े हर जान।।

कोहराम था चहुँ दिशा, थे लोग परेशान।
पानी बिजली कट रही, लोग बने अनजान।।

परेशान सारा जहां, पशु पक्षी बेचैन।
खाने को दाना नहीं, उजड़ रहा था रैन।।

मची तबाही चहुँ दिशा, गलती अपनी मान।
काटे न पेड़ पौध को, बड़ी हुआ नुक़सान।।

पेड़ पौध उखाड़ दिया, आया तेज तूफ़ान।
मानव बेघर हो रहे, पशु पक्षी हैरान।।

कपूत

कितनी माता तीर्थ कीं, बाँधे मन्नत सूत।
चाहत उनकी थी बड़ी, बेटा बना कपूत।।

पैदा होते ही पिता, देखे कितने ख़्वाब।
बनता पुत्र कपूत तब,, धूमिल पड़ती आब।।

मंदिर–मंदिर भटक कर, मन्नत माँगी खूब।
था कपूत कहता जहां, आशा जाती डूब।।

दिए निवाले प्यार के, आई उन्हें न रास।
हो पूत कपूत घर में, टूट गई तब आस।।

माँ की ममता का मिला, कर्ज बना जब दूध।
हो कपूत बेटा यहाँ, करे नशा बेसूध।।

माँगें पूरी हो सदा, फिर भी बना कपूत।
रहती भौंवें तान कर, करता खर्च अकूत।।

चार दिशा रौशन करे, बने पुत्र होशियार।
मनमानी कपूत करे, बिगड़ा जीवन सार।।

कड़वी बातें बोलता, मात गई थी टूट।
मान–सम्मान भूल कर, घर में डाली फूट।।

जायदाद डूबा दिया, था कपूत जो आज।
छलक पड़े थे नयन तब, किसपर करते नाज ?

उत्साह

उत्साहित सब हो रहे, आया है त्योहार।
साफ़ सफ़ाई मिल करें, रखें शुद्ध आचार।।

उत्साहित मन झूमता, कब आयेंगे राम।
उमड़ पड़ी जनता सभी, लेकर प्रभु का नाम।।

मन उत्साह से झूमता, आए हैं श्री राम।
गलियाँ–गलियाँ हैं सजी, द्वार बना सुखधाम।।

शुभ दिन है दीपावली, आईं लक्ष्मी द्वार।
उत्साहित होते हुए सजा लिया दरबार।।

दीये घी के हैं जले, जगमग जगमग द्वार।
उत्साहित होते सभी, ख़ुशियाँ मिली अपार।।

नगर अयोध्या है सजी, आयेंगे श्री राम।
सभी उत्साह से खड़े, लेकर प्रभु का नाम।।

उत्साहित हैं मात सब, लिए आरती थाल।
माता निहारतीं खड़ी, तिलक लगातीं भाल।।

विकास

कृपा दृष्टि प्रभु तुम रखो, आई तेरे द्वार।
दूर करो सारी विपद, कर दो बेड़ा पार।।

आओ हम संकल्प लें, नया साल में आज।
देश बढ़े विकास करें, करो नया कुछ काज।।

करना कुछ अब काम है, बढ़े देश का नाम।
नए-नए विकास करें, कट जाएगा शाम।।

दीन दुखी का साथ दें, होगा कुछ उपकार।
मिले आशीष तब वहाँ, होता हर्ष अपार।।

नए साल की बात है, नई-नई सी रंग।
मिलकर भरते ही सभी, आया बहुत उमंग।।

आनंदित हम सब हुए, आया नूतन साल।
बातें विकास की हुई, बदली नेता चाल।।

साल की विदाई

समय विदाई का हुआ , आया नूतन साल।
नया साल का ख़ास हो, हो सब माला माल।।

रात अभी सजने लगी, आतिशबाजी गूंज।
लोग उमड़ पड़ने लगे, उमड़ पड़े थे पुंज।।

पूरी रातें जश्न में, डूब गया संसार।
स्वागत है इस साल का, खुशियाँ मिले अपार।।

अभिनंदन इस वर्ष का, भूले बीती बात।
सुखद सुहाना भोर हो, बीती काली रात॥

कष्ट सभी का दूर हो, सबका हो कल्यान।
सुखी शांति सबको मिले, रखना यह अरमान॥

अभिनंदन इस वर्ष का, देता है संदेश।
बाँटे आपस में ख़ुशी, मिटे सभी का क्लेश।।

नया जोश उमंग भरे, आया नवल बिहान।
आओ मिल नव वर्ष में, नया संकल्प मान॥

भोर आई अलबेली

अलबेली ये भोर थी, किरणें भी बेताब।
रश्मि संग रवि निकल, लाए न मेघ आब।।

रश्मि दमकती चहुँ दिशा, देखें रवि का खेल।
धवल किरण-सी रश्मियाँ, करते रवि से मेल।।
चमक-दमक तम दूर था, गाए जीवन गीत।
बीत यामिनी खग चहक, मधुर मृदुल संगीत।।
धवल सलोनी भोर भी, संग में आफताब।
अलबेली ये भोर थी, किरणें भी बेताब।।

अल्हड़ झोंका बह पवन, इठलाता हर भोर।
सन्न-सन्न -सी बह चली, करता कितना शोर।।
हुआ सबेरा जग सभी, हुई भोर बेजोड़।
हर्षित चहुँ खग वृंद भी, जीवन खुश हर मोड़।।
अम्बर छाई लालिमा, कितने खिले गुलाब।
अलबेली ये भोर थी, किरणें भी बेताब।।

फैलाया व प्रकाश भी, करें सुबह शुरुआत।
अद्भुत दुनिया खेल है, बीती जाती रात।।
नृत्य करे मयूर भी, झूमे हैं संसार।
हुई शुरुआत काम की, ख़ुशियाँ मिले अपार।।
वन-उपवन छाई किरण, खिले कमल तालाब।
अलबेली ये भोर थी, किरणें भी बेताब।।

इच्छा

इच्छा पर क़ाबू रखें, होता वह इंसान।
संस्कारी थे जो कभी, मिलता जग पहचान।।

कालखंड के नाम पर, थे इच्छा से दूर।
वह प्राणी नादान था, लगा लिया था सुर।।

इच्छाएँ अनेक हुए, नाम हुआ बदनाम।
फिर भी कम होता नहीं, किया वही जो काम।।

इच्छाएँ अनेक हुई, जिसपर नहीं न रोक।
यहाँ सभी मन मारते, किसी का न हो टोक।।

मन का मालिक ख़ुद बने, इच्छा रखें अनेक।
संस्कारी बन जानता, ईश लगा कर टेक।।

जीवन में संतोष हो, वही बने इंसान।
जग में उसका नाम हो, पाता वह सम्मान।।

चाहत अनेक थे उठे, करना वह सब काम।
ख़्याल सभी का ही रखें, होता जग में नाम।।

इच्छाएँ अनंत यहाँ, मन में भाव अनेक।
पूरा करने में लगे, रोटी लेते सेक।।

फूल पर दोहे

विविध रंग के फूल से, ख़ुशियाँ मिले अपार।
पीला, नीला, लाल से, करते हम भी प्यार।।

खिल उठता गुलाब रंग, खुशबू मिलते बाग।
डाली-डाली सज गई, गीत संगीत राग।।

विकसित होने दो उसे, मुरझा जाते तोड़।
खिलता काटों बीच ही, जाना है तो छोड़।।

खिलते बेली बाग में, ख़ुशबू बहे बयार।
बागों की शोभा बढ़े, खिलते पुष्प हजार।।

दर्शाता शांति अभी, इक बेली का फूल।
फूलों में सफ़ेद कहें, रहे बड़ी ही कूल।।

गुनगुन फूलों पर करे, मधुप मकरंद चंद।
पुष्प भरे उर में तभी, भौंरे गाते छंद।।

भरे मकरंद उर में, पुष्पित फूले चंद।
गुनगुन कर है चूसती, फूलों से मकरंद।।

प्रकृति

प्रातः सूरज लालिमा, बड़ी सुहानी भोर।
पंछी कलरव कर रहे, गुंज रहा है शोर ॥

प्रीत प्रकृति से जोड़िए, कभी न हो बीमार।
सूर्य धरा अद्भुत मिलन, मिला ईश उपहार॥

छँटा प्रकृति की खिल रही, देखो फिर भी हाल।
कितना सुंदर दृश्य है, सभी दिखे खुशहाल॥

डाल पात सब झूमते, सुरभित है संसार।
पुण्य मनोरम दृश्य से, मंजुल मृदुल अपार।।

हरा भरा दिखता चमन, खिला-खिला संसार।
खुशियों का त्योहार है, करें प्रकृति से प्यार।।

सरल सरस जीवन रहे, करे प्रकृति से प्यार।
जिसे भान इसका नहीं, हो जाए बीमार।।

प्रतीक्षा

आज अयोध्या धाम में, बजे बधाई गान।
राम लला के जन्म पर, आनंदित भगवान।।

धूम अयोध्या में मची, रानी सब बेहाल।
महल ख़ुशी से झूमता, सारे हुए निहाल।।

गई प्रतीक्षा की घड़ी, आए हैं श्री राम।
पाँव पखारण को लगे, हुए सुबह से शाम।।

भव्य बना मंदिर वहाँ, जहाँ मिले श्री राम।
मूर्ति बहुत विशाल बना, यही परम है धाम।।

हुई प्रतीक्षा ख़त्म अब, जन्म लिए भगवान।
लगा दिया आसन वहाँ, आए हैं श्री मान।।

विरह प्रतीक्षा ख़त्म थी, आए मन के मीत।
मन हर्षित होने लगा, हृदय लगाया प्रीत।।

प्रति दिन की थी लालसा, आएँगे भगवान।
जूठे बैरन चख लिये, होते कृपानिधान।।

स्वजन

बचपन की नादानियाँ, आती है जब याद।
हर्षित होता मन तभी, सोचा था तब बाद।।

बात –बात में स्वजन का, करें नहीं अपमान।
कभी स्वजन रूठे नहीं, रखना इसका ध्यान।।

मित्र–शत्रु हित का अहित, करते सदा प्रयास।
बात–बात मतभेद से, सुधि जन मन आभास।।

जो सुख–दुख साथी बने, करना मत अपमान।
हुए स्वजन से वो बड़े, उनपर कर अभिमान।।

स्वजन बिना सूना लगे, सकल धरा परिवार।
रिश्ते झूठे हो अगर, होता दु :ख हज़ार।।

सज्जन होते हैं वही, करें सभी का मान।
परहित सेवा जो करे, बनते वही महान।।

बने हितैषी दुख पड़े, उन पर करना नाज।
मूर्ख लोग दुर्जन बने, आती न उन्हें लाज।।

क्रंदन

क्रंदन कभी न कीजिए, बिगड़े सारे नाम।
शांत चित्त से ही मिले, सुंदर सुघड़ मुक़ाम।।

क्रंदन बच्चे जब करे, हुआ ध्यान जब आज।
हो–हल्ला के बाद ही, बनता उनका काज।।

माता जब क्रंदन सुने, भरता मन उल्लास।
जन्म हुआ बच्चा तभी, जागा दिल में आस।।

अवधपुरी क्रंदन करे, वन जाते श्री राम।
राम–राम राजा रटे, अंत गए सुर धाम।।

अंत गए सुर धाम जब, छाया मातम आज।
सूना हुआ सुख धाम तब, विकल हृदय आवाज।।

मचता हाहाकार जब, राम गए वनवास।
छोड़ गए थे जब महल, क्रंदन होता ख़ास।।

निर्मोही

छोड़ चले परिवार को, कहलाए वह संत।
निर्मोही संसार से, किए मोह का अंत।।

निर्मोही मत मानिए, जग में हैं इंसान।
कृपा ईश की है यहाँ, मानव में भगवान।।

छोड़ चले जाते वही, निर्मोही संसार।
कहलाते वो संत ही, त्याग दिया परिवार।।

निर्मोही कहला रहे, जिन्हें न होता दर्द।
दर्द दूसरों को दिए, कहला जाते मर्द।।

मर्द दिखा मर्दानगी, करते हैं दुष्कर्म।
जनता भी नामर्द बन, बना रहा बेशर्म।।

निर्मोही बनकर वहीं, बिछा दिया वह जाल।
लगता ईश्वर डर नहीं, बदल लिए हो चाल।।

निर्मोही मत मानिए, संतों का वह धर्म।
चतुर बना इंसान वह, करता तभी कुकर्म।।

कलम

रखती अपनी कलम को, घर है उसका म्यान।
इसकी ताक़त को जानिए, रखिए इसका ध्यान।।

इससे स्नेह करती हूँ, देती हूँ सम्मान।
इसको मुझसे प्रेम है, हरदम देती ज्ञान।।

आते मन में ख़्याल जब, कलम उठाते हाथ।
लिखे उद्ग़ार तब साभी, कलम दी थी साथ।।

बेदर्दी था दिल यहाँ, लिखती मन की भाव।
कलम दर्द को समझ कर, लिखता दिल की घाव।।

हुई अनोखी बात जब, लिखी कलम से रात।
समझ कहे जज्बात को, लिख दी अपनी बात।।

कलम उठा ले हाथ में, लिखती अपनी बात।
द्वेष क्लेश की भावना, लिख दी सारी रात।।

कलम सिपाही बन गई, देश प्रेम का भाव।
लिख देती विस्तार से, सबके मन की घाव।।

प्रेम

दीवाना बन कर गई, आई तेरे पास।
रखना सीने में मुझे, यही जगी थी आस।।

सुद बुध खो मीरा गई , प्रेम दिवानी आज।
लोक लाज सब भूल कर, छोड़ गई समाज।।

बनी बावरी प्रेम में, विष का प्याला हाथ।
दीवानी मीरा हुई, राणा भी थे साथ।।

दीवानी मीरा बनी, भई बाबरी तात।
प्रेमी कान्हा की बनी, जग को देती मात।।

प्रेम जाल में फँस गए, जग में थे बदनाम।
संस्कृति अपना भूल कर, बदल गई सब काम।।

यह घर ऊँचा प्रेम का, लगे बहुत एकांत।
तन्हाई में डूबा हुआ, जैसे कोई संत।।

दीवानी थी प्रेम में, किया कृष्ण से प्यार।
रास रचाने आ गई, कर कान्हा से रार।।

जन रामायण लिख दिया, कवि कवित्री मिल आज।
कोना –कोना देश का, आह्लादित कर काज।।

अक़्ल

अक़्ल बड़ी या भैंस है, कहते चतुर सुजान।
शक्ल बड़ी मासूम है, कैसे हो पहचान।

अक़्ल शक्ल अंतर बड़ा, गुणी गुणे हैं जान।
सदा गुणी को मानिए, अक़्ल बिना पहचान।

अक़्ल हुई सबसे बड़ी, उसकी हो पहचान।
जो भी अक़्ल से भिड़ता, होता वो नादान।

काम अक़्ल से कीजिए, बने नहीं नादान।
छोड़ अक़्ल जो भी गए, उसे हुआ नुक़सान।

काम क्रोध मद लोभ से, बचा रहे संसार।
गुणी गुणे गुण दोष को, मिलती खुशी अपार।

अक़्ल हुई उसकी बड़ी , शक्ल बहुत नादान।
भाग्य बड़ा सबसे यहाँ, कहते सकल सुजान।

जीवन है अमूल्य बहुत, रखना इसका ध्यान।
बात-बात की बात पर, होना ना अपमान।।

देश हमारा महान है, इसका रखना ख़्याल।
राज्य अमूल्य है यहाँ चीजें बड़ी कमाल।।

लोग यहाँ के प्यारे हैं, भरा है संस्कार।
जीवन अमूल्य समझते, जाते फिर भी हार।।

गौ माता

अमेरिका इंग्लैण्ड भी, करने लगे बखान।
दूध –दही, बिन छाछ–घी, चले न जीवन जान।।

समझा है यूनान ने, लगा–लगा के जोड़।
खाएँ जो गौ मांस यदि, बढ़ जाएगा कोढ़।।

बछिया होती है अगर , देती फिर वह दूध।
बछड़ा हो जाए मगर, खेत जोत बेसूध।।

आज सुरक्षित हैं नहीं, मातृ, धरा गौ तीन।
इनकी रक्षा जो करे, उसको कहे प्रवीन।।

गौ सेवक थे कृष्ण जी, सभी जानते हाल।
गोपालन कहते सभी, कहलाये गोपाल।।

गौ सेवा सुख सार है, कहते इनको पूज।
रोम–रोम में देव हैं, देव नहीं जग दूज।।

अति उपयोगी गाय है, कटता रोग तमाम।
माता इनको मान कर, करते सभी प्रणाम।।

कार्तिक पूर्णिमा

दिवस पूर्णिमा कार्तिक का, है अद्भुत संयोग।
त्रिपुरासुर आतंक से, त्राहि माम कर लोग।

देव शस्त्र लेते उठा, त्रिपुरा सुर संहार।
मनुज देवता सब खड़े, देख जगत व्यवहार।।

कार्तिक के दिन पूर्णिमा, करते है शुभ स्नान।
दीप दान देकर सभी, करते गंगा ध्यान॥

गंगा तट पर भिड़ बड़ी, मेला लगा विराट।
लोग बहुत आते यहाँ, सजा हुआ है घाट॥

करते गंगा स्नान जब, ब्रह्म काल का मान।
बहते निर्मल नीर में, डुबकी लेते आन॥

करते गंगा घाट पर, एक दीप का दान।
शुभ मुहूर्त को देख कर, करते गंगा स्नान॥

गंगा जी के नाम से, भारत की पहचान।
मिलता पृथ्वी लोक में, मिले मोक्ष वरदान॥

ब्रह्म काल के स्नान से, रहता स्वस्थ शरीर।
शारीरिक ऊर्जा मिले, हरे सभी के पीर॥

स्नान ध्यान के बाद ही, करे दीप का दान।
दीप दान करते सभी, गंगा तट का मान॥

शीत

शीत लहर अब आ गया, मनुज रहें अब काँप।
बचने को इस ठंड से, जल के अलाव ताप।।

शीत काल अब आ गया, पहने स्वेटर शाल।
ठंड बहुत अब बढ़ रही, चुस्की चाय कमाल।।

शीत काल का आगमन, होता बहुत कमाल।
विभिन्न सब्ज़ी से सजा, बाग बगीचा ताल।।

बच्चे बूढ़े मिल सभी, साथ तापते आग।
मिल कर अलाव जलाते, लकड़ी लाते भाग।।

खाने का मिलता मजा, हर घर जलते आग।
लगती घर–घर महकने, मक्की सरसों साग।।

लेते चुस्की चाय का, शीत काल का धूप,
मजा धूप का ले सभी, रंक रहे या भूप।।

उत्कृष्ट

खान –पान यदि ठीक हो, पड़े नहीं बीमार।
भोजन हो उत्कृष्ट यदि, रोग न आए पार।।

मन की बातें कर रहीं, भाव रखें उत्कृष्ट।
मीठी बातें सब करें, हुए लोग आकृष्ट।।

लिखें उत्कृष्ट लेखनी, जिसकी होती भाव।
समझ वही आती रही, सुने बहुत सब चाव।।

करें फ़ैसला सोच कर, करना है नेतृत्व।
विघ्नहरता साथ रहें, बचा रहे अस्तित्व।।

नेता के नेतृत्व में, करना है जब काम।
आगे आगे वो रहें, पीछे मिलता दाम।।

एक क्रिया नेतृत्व का, सम्भालें रख जान।
इधर उधर भटके नहीं, बनी रहेगी शान।।

पेड़ पौध को काट कर, करे प्रकृति से खेल।
नियति क्रूर अब भी हुआ, बिगड़ा उनका मेल।।

लिखा नियति का जो मिला, करूँ उसे स्वीकार।
ईश आशीष मान कर, प्रकट करूँ आभार।।

करते मन में कामना, नियति पर हो विश्वास।
मिले वही जो लिख रहे, सखत लगा के आस।।

तृष्णा

तृष्णा करना है बुरी, नहीं सुखी संसार।
मृगतृष्णा में जो पड़ें, जीवन था बेकार॥

तृष्णा जब-जब मन बसी, तब हम हुए अधीर।
मृगतृष्णा के जाल में, फँसता जाता हीर॥

मन पंछी बन ढूँढता, इत उत मिले न हीर।
मृगतृष्णा के आड़ में, दिल में उपजा पीर॥

भर-भर घट रख दे यहीं, लगा लिए हैं आस।
यहाँ वहाँ भटके नहीं, बुझे यहीं अब प्यास॥

फँसते जाते हैं वही, दुनिया में बेकार।
तृष्णा करना है बुरी, जीवन जाते हार॥

कभी घमंड न कीजिए, समय बड़ा बलवान।
जहाँ लाभ संकेत दे, मिले वहाँ नुक़सान।।

लोभ मोह के आड़ में, करते नहीं घमंड।
जहाँ लाभ संकेत दे, वहीं हुआ है खंड।।

भाई - दूज

पावन यह त्योहार है , शुभ दिन आया आज।
लाई बहना थाल में, चंदन कुमकुम साज ॥1 ॥

करती रहती कामना, मिले तुझे आशीष।
जुग जुग भाई तू जिए, मिले देवआशीष ॥2 ॥

भाई के आशीष से, होता है दिन खास।
उमर तुझे मेरी लगे, भैया मेरी आस ॥3 ॥

अक्षत कुमकुम थाल ले, आई बहना द्वार।
अमृत धार बरसे यहाँ, करो इसे स्वीकार ॥4 ॥

बहन समर्पण भाव से, रखती सबसे प्रीत।
भावों की दरिया बहे, जब प्यार दिखे रीत ॥5 ॥

रक्षा भाई ही करें, बहन रखे विश्वास।
सुख दुख के साथी बने, भैया मेरे खास ॥6 ॥

गोवर्धन

इंद्र देव अति हो कुपित, बरसाया जलधार।
डूब रहा ब्रज ग्राम था, कौन बचावनहार ॥1 ॥

इस भीषण जल वृष्टि में, डूब रहा था ग्राम।
त्राहि-त्राहि अब थी मची, हे मुरलीधर श्याम ॥2 ॥

तब मुरलीधर श्याम ने, किया अलौकिक काम।
निज उँगली पर रख लिया, गोवर्धन गिरि थाम ॥3 ॥

वंशीधर गोपाल का, गिरिराज हुआ नाम।
ब्रजमंडल का बन गया, यह गोवर्धन धाम ॥4 ॥

शरणागत हुए इंद्र तब, पाहि पाहि भगवान।
दर्प सब खंडित हुआ, टूट गया अभिमान ॥5 ॥

निज जन की रक्षा करे, यह है प्रभु की रीत।
निश्चल मन से पूजिये, हो जाएगा प्रीत ॥6 ॥

दीपावली

आज अमावस रात है, पावन कार्तिक मास।
आज धरा पर हो रहा, लक्ष्मी जी का वास॥

लक्ष्मी संग गणेश हैं, आज पधारे संग।
धन वैभव का वर मिले, सुख शांति के रंग॥

आई है दीपावली, ख़ुशियों का त्योहार।
माता लक्ष्मी आ गईं, सजा दिया है द्वार॥

ख़ाली झोली है लिए, आई तेरे द्वार।
प्रेम भाव रखते सभी, पाते सबका प्यार॥

माता लक्ष्मी आ गई, भर गया भंडार।
दीया बाती साथ है, जगमग हो संसार॥

दूर करे मन का तमस, दीपों का त्योहार।
लक्ष्मी पूजन कीजिए, मिल के सब परिवार॥

प्रेम भाव रखते सभी, वैर द्वेष हो दूर।
अभिमानी गिरते तभी, घमंड होता चूर॥

दीप जगमगाती रहे, आया है त्योहार।
चौमुख मिट्टी दीप से, चारों दिशा उद्धार॥

दीपों की लड़ियाँ सजी, आया है त्योहार।
मिट्टी से दीया बना, पेट भरे कुम्हार॥9॥

दोहा-दोहा

दोहा मात्रिक छंद है, इसका रखना ध्यान।
मात्रा गिन लिखते रहें, पंक्ति का है मान ॥1॥

हर पंक्ति के दो चरण, लिखना है आसान।
तेरह ग्यारह जोड़ कर, दें दोहा का मान ॥2॥

तेरह-तेरह विषम है, ग्यारह को सम मान।
योग चौबीस ध्यान से, दोहा को पहचान॥

शब्द कोष रखना सही, शब्दों का है खेल।
ध्यान रखें जो गेयता, सुर लय का है मेल ॥4॥

अटक रहे जिह्वा नहीं, सही वही है जान।
नहीं लगे कल दोष अब, सुंदर दोहा ज्ञान ॥5॥

कल सयोंजन दीर्घ, लघु, अलंकार हो साज,
बंध जाए सुर-लय में, तब हो खुशी मिज़ाज ॥6॥

कम शब्दों का खेल है, दोहा छंद विधान।
क्षणिक बातें कह कर वही, भरता सबमें ज्ञान ॥7॥

मात्रा तुक लय भार हो, लगता गुरु लघु अंत।
चरण चार चौबीस तब, दोहा कहें तुरंत ॥8॥

सब छंदों का सार है, दोहा छंद विशिष्ट।
विधि विधान से जानिए, छंद नहीं अति क्लिष्ट ॥9॥

नवरात्रि

नव दल के नव पुष्प से, पूजन करें नौ–रात।
सुबह–शाम के भोग से, होतीं प्रसन्न मात।।

सजा रहा दरबार है , बजा रहा है साज।
माता तेरे दरस की, अभिलाषी हूँ आज।।

अष्ट भुजाओं में बसी, आठों ही अवतार।
अनुपम शक्ति मात की, करें सृष्टि संचार।।

दुख हरने आई धरा, लेकर माँ नौ रूप।
कर जोड़े विनती करें, अद्भुत रूप अनूप।।

द्वारे आए हम सभी, सुन ले अम्बे हाल।
ख़ाली झोली ली खड़ी, भर दे, हूँ बेहाल।।

आदि शक्ति माँ अम्बिका, भक्त लगाए ध्यान।
दुष्ट दलन करती सदा, जाने सकल जहान।।

प्रथम रूपा शैलपुत्री, करे मात कल्याण।
कर जोड़े भक्तन खड़े, दे दो माता ज्ञान।।

योग

प्रात: उठते ही करें, एक साथ सब योग।
योग नित्य करते सभी, रहते सदा निरोग।।

खुली हवा में बैठ कर, करें सूर्य का ध्यान।
शांत चित्त से ही करें, ऊर्जा मिलता जान।।

ब्रह्म मुहूर्त में उठ कर, करते जो नित योग।
आलस करते जो अभी , हो जाएगा रोग।।

मिले आशीष आपका, प्रथम गुरू हैं आप।
सर पर रखना हाथ तब, मिट जाएगा साप।।

योग दिवस के नाम पर, करें एक दिन योग।
आदत अपना डालिये, रहिए सदा निरोग।।

स्वाँस क्रिया का ध्यान रख, करें सदा जो ध्यान।
सुंदर काया आपका, बनते ऊर्जावान।,

योग शक्ति देता हमें, ऊर्जा भी भरपूर।
जीवन खिलता पुष्प है, काँटे होते दूर।।

सकल जगत में हो रहा, मातृभूमि का नाम।
योग दिवस के पर्व में, सब करे प्रणायाम।।

जाति धर्म से मुक्त है, सभी करें मिल योग।
अपनाया परदेश भी, समझे महिमा लोग।।

रोटी

पल–पल जीवन क्षीण था, रोटी था बेजान।
मिला नहीं जीवन उसे, था वह अब अनजान।।

जीना रोटी बीन अब, तरस रहें है लोग।
अमीर की थाली भरी, नहीं ग़रीबी भोग।।

फिसला रोटी हाथ से, था ग़रीब बेहाल।
नेता जी मदहोश थे, जाने कैसे हाल ?

रोटी वास्ते थे फिरे, पाए बदले रोग।
भूखे बच्चे थे खड़े, रोटी खाते लोग।।

दर–दर भटके थे यहाँ, मिलता कहीं न भोग।
भरी अमीरों की गली, चमचे इनके लोग।।

फसल मेहनत से उगा, हैं कृषक परेशान।
दो जून की रोटी नहीं, कैसा यह अभिमान।।

रोटी–रोटी के लिए, भटके सारे लोग।
सूख रहा संसार था, कैसे मिलता भोग।।

गंगा

गंग अवतरण दिवस पर, माँ का कर सम्मान।
शुभ दिन गंगा दशहरा, इसे पवित्र दिन मान।।

गंगा में डुबकी लगा, धुलते सारे पाप।
ज्ञान ध्यान में मग्न हो, मिलता न कभी शाप।।

हरने आईं दुख सभी, आई गंगा मात।
गंगा की शुभ दिन यहाँ, मनाओ अपनी बात।।

शुभ दिन गंगा दशहरा, आया दिन यह आज।
ख़ुशियाँ भी सबके लिए, भरते सकल समाज।।

गंगा स्पावन दिन कहें, धोती सबके पाप।
इससे शीतल जल मिले, मिट जाती संताप।।

पावन निर्मल स्वच्छ जल, सहज सलिल हो धार।
गंगा डुबकी के बिना, जीवन का आधार।।

बहता धारा साफ़ है, जीवन को दे लाभ।
शीतल पावन जल लगे, दिखता निर्मल आभ।।

मंदिर

मंदिर की घंटी बज़ी, भक्त जनों की भीड़।
भगवन आए द्वार हम, ईश हरो सब पीड़।।

पूजा की थाली लिए, करती तेरा ध्यान।
सुबह –शाम पूज़े तुझे, रखना मेरी मान।।

मंदिर मस्जिद एक है, अल्ला अरू भगवान।
प्रेम भाव से सब रहें, एक रंग इंसान।।

जो मन मंदिर में बसे, भगवन हैं श्री राम।
सभी भजे श्री राम को , बनते बिगड़े काम।।

भर जाए जब पोटली, लेकर आई द्वार।
मंदिर –मंदिर घूमती, बेड़ा कर दो पार।।

यहाँ वहाँ अब ढूँढती, लिए एक ही आस।
मंदिर मस्जिद एक है, आता नहीं न रास।।

गीता

गीता में श्री कृष्ण ने, दिया विश्व को ज्ञान।
प्रासंगिक है आज भी, मिलता है वरदान।।

गीता पर रख हाथ है, बदले नहीं न सोंच।
सत्य वचन ही बोलना, लगे न इसमें खोंच।।

गीता पर जब हाथ रख, बोले झूठ न लोग।
अपमानित यह ग्रंथ है, मानव तू अब भोग।।

गीता में श्री कृष्ण ने, दिया जगत को ज्ञान।
करे नहीं अवहेलना, कर ले थोड़ा ध्यान।।

गीता के उपदेश से, मिलता इसका सार।
गीता जो है पढ़ लिया, भव से होता पार।।

लेता गीता ज्ञान जो, होता भव से पार।
प्रतिदिन यह रसपान कर, मिल जाएगा सार।।

वट सावित्री

वट सावित्री व्रत करें, पूजें सब नर–नार।
पूजन करने आ गईं, सखियाँ मिल कर चार।।

वट सावित्री व्रत कठिन, माँगे अमिट सुहाग।
पूज रहें वट वृक्ष को, जगा रहें हैं भाग।।

सुहागिनों का व्रत है, जेष्ठ अमावस मास।
पति की ख़ातिर पा लिया, अपने मन की आस।।

वट सावित्री व्रत करें, सबसे उत्तम काज।
अमर अपनी सुहाग हो, मन्नत करते आज।।

भाग्य सौभाग्य पर्व है, कर सोलह श्रृंगार।
चलीं सुहागन थाल ले, पूजन करती नार।।

पूज रहे बट वृक्ष को, कच्चे धागे साथ।
रहें सुहागन सब यहाँ, बांधे धागा हाथ।।

सावित्री ने जब लिय, निश्चय पूर्वक ठान।
अपने पति को पा लिया, यम से जीवन दान।।

वट पूजन की मान्यता, अपना अद्भुत धर्म।
अपनी सारी रीत यह, रखती गहरा मर्म।।

पक्षपात

पक्षपात जो भी करे, पड़ जाये सब लोग।
ऊँच नीच विचार न कर, जीवन सच्चा भोग।।

पक्षपात जो भी करें, मिलता नहीं सम्मान।
तभी हुए विचलित सभी, खो जाती तब शान।।

पक्षपात हो लिंग में, होता बहुत अघात।
लड़की पराई घर की, बेटा का प्रतिघात।।

काम क्रोध मद लोभ में, जो भी करता काम।
गिरता औंधे मुँह तभी, हो जाता बदनाम॥

राजनीति के लोभ में, नेता हैं बदनाम।
जो भी लालच में पड़ा, होता चैन हराम॥

लोभी अक्सर लोभ में, करता अनुचित काम।
अंतर्मन की आग में, जलता वह हर शाम॥

घृणित व्यक्ति ही लोभ में, भूल गए सत्कर्म।
बदलें अपनी मति अगर, जीवन का यह मर्म॥

यही धीर मति से अगर, करें नहीं जब लोभ।
होते तभी महान सब, मिले नहीं तब क्षोभ॥

उत्साह

उत्साहित सब हो रहे, आया है त्योहार।
साफ़ सफ़ाई मिल करें, रखें शुद्ध आचार।।

उत्साहित मन झूमता, कब आयेंगे राम।
उमड़ पड़ी जनता सभी, लेकर प्रभु का नाम।।

मन उत्साह से झूमता, आए हैं श्री राम।
गलियाँ–गलियाँ हैं सजी, द्वार बना सुखधाम।।

शुभ दिन है दीपावली, आईं लक्ष्मी द्वार।
उत्साहित होते हुए सजा लिया दरबार।।

दीये घी के हैं जले, जगमग जगमग द्वार।
उत्साहित होते सभी, ख़ुशियाँ मिली अपार।।

नगर अयोध्या है सजी, आयेंगे श्री राम।
सभी उत्साह से खड़े, लेकर प्रभु का नाम।।

उत्साहित हैं मात सब, लिए आरती थाल।
माता निहारतीं खड़ी, तिलक लगातीं भाल।।

विकास

कृपा दृष्टि प्रभु तुम रखो, आई तेरे द्वार।
दूर करो सारी विपद, कर दो बेड़ा पार।।

आओ हम संकल्प लें, नया साल में आज।
देश बढ़े विकास करें, करो नया कुछ काज।।

करना कुछ अब काम है, बढ़े देश का नाम।
नए–नए विकास करें, कट जाएगा शाम।।

दीन दुखी का साथ दें, होगा कुछ उपकार।
मिले आशीष तब वहाँ, होता हर्ष अपार।।

नए साल की बात है, नई–नई सी रंग।
मिलकर भरते ही सभी, आया बहुत उमंग।।

आनंदित हम सब हुए, आया नूतन साल।
बातें विकास की हुई, बदलेंगे सब हाल।।

साल की विदाई

समय विदाई का हुआ , आया नूतन साल।
नया साल का ख़ास हो, सब हों माला माल।।

रात अभी सजने लगी, आतिशबाजी गूंज।
लोग उमड़ पड़ने लगे, उमड़ पड़े थे पुंज।।

पूरी रातें जश्न में, डूब गया संसार।
स्वागत है इस साल का, खुशियाँ मिले अपार।।

अभिनंदन इस वर्ष का, भूले बीती बात।
सुखद सुहाना भोर हो, बीती काली रात॥

कष्ट सभी का दूर हो, सबका हो कल्यान।
सुख समृद्धि सबको मिले, रखना यह अरमान॥

अभिनंदन इस वर्ष का, देता है संदेश।
बाँटे आपस में ख़ुशी, मिटे सभी का क्लेश।।

नया जोश उमंग लिए, आया नवल बिहान।
आओ मिल नव वर्ष में, नया संकल्प मान।।

भोर आई अलबेली

अलबेली ये भोर थी, किरणें भी बेताब।
रश्मि संग रवि निकल, लाए न मेघ आब।।

रश्मि दमकती चहुँ दिशा, देखें रवि का खेल।
धवल किरण-सी रश्मियाँ, करते रवि से मेल।।

चमक-दमक तम दूर था, गाए जीवन गीत।
बीत यामिनी खग चहक, मधुर मृदुल संगीत।।

अल्हड़ झोंका बह पवन, इठलाता हर भोर।
सन्न-सन्न -सी बह चली, करता कितना शोर।।

हुआ सबेरा जग सभी, हुई भोर बेजोड़।
हर्षित चहुँ खग वृंद भी, जीवन खुश हर मोड़।।

अम्बर छाई लालिमा, कितने खिले गुलाब।
अलबेली ये भोर थी, किरणें भी बेताब।।

फैलाया व प्रकाश भी, करें सुबह शुरुआत।
अद्भुत दुनिया खेल है, बीती जाती रात।।

नृत्य करे मयूर भी, झूमे हैं संसार।
हुई शुरुआत काम की, ख़ुशियाँ मिले अपार।।

वन-उपवन छाई किरण, खिले कमल तालाब।
अलबेली ये भोर थी, किरणें भी बेताब।।

इच्छा

इच्छा पर क़ाबू रखें, होता वह इंसान।
संस्कारी थे जो कभी, मिलता जग पहचान।।

कालखंड के नाम पर, थे इच्छा से दूर।
वह प्राणी नादान था, लगा लिया था सूर।।

इच्छाएँ अनेक हुए, नाम हुआ बदनाम।
फिर भी कम होता नहीं, किया वही जो काम।।

इच्छाएँ अनेक हुई, जिसपर नहीं न रोक।
यहाँ सभी मन मारते, कोई करे न टोक।।

मन का मालिक ख़ुद बने, इच्छा रखें अनेक।
संस्कारी बन जानता, ईश लगा कर टेक।।

जीवन में संतोष हो, वही बने इंसान।
जग में उसका नाम हो, पाता वह सम्मान।।

चाहत अनेक थे उठे, करना वह सब काम।
ख़्याल सभी का ही रखें, होता जग में नाम।।

इच्छाएँ अनंत यहाँ, मन में भाव अनेक।
पूरा करने में लगे, रोटी लेते सेक।।

फूल

विविध रंग के फूल से, ख़ुशियाँ मिले अपार।
पीला, नीला, लाल से, करते हम भी प्यार।।

खिल उठता गुलाब रंग, खुशबू मिलते बाग।
डाली–डाली सज गई, गीत संगीत राग।।

विकसित होने दो उसे, मुरझा जाते तोड़।
खिलता काटों बीच ही, जाना है तो छोड़।।

खिलते बेली बाग में, ख़ुशबू बहे बयार।
बागों की शोभा बढ़े, खिलते पुष्प हजार।।

दर्शाता शांति अभी, इक बेली का फूल।
फूलों में सफ़ेद कहें, रहे बड़ी ही कूल।।

गुनगुन फूलों पर करे, मधुप मकरंद चंद।
पुष्प भरे उर में तभी, भौंरे गाते छंद।।

भरे मकरंद उर में, पुष्पित फूले चंद।
गुनगुन कर है चूसती, फूलों से मकरंद।।

प्रकृति

प्रात: सूरज लालिमा, बड़ी सुहानी भोर।
पंछी कलरव कर रहे, गुंज रहा है शोर ॥

प्रीत प्रकृति से जोड़िए, कभी न हो बीमार।
सूर्य धरा अद्भुत मिलन, मिला ईश उपहार॥

छँटा प्रकृति की खिल रही, देखो फिर भी हाल।
कितना सुंदर दृश्य है, सभी दिखे खुशहाल॥

डाल पात सब झूमते, सुरभित है संसार।
पुण्य मनोरम दृश्य से, मंजुल मृदुल अपार।।

हरा भरा दिखता चमन, खिला–खिला संसार।
खुशियों का त्योहार है, करें प्रकृति से प्यार।।

सरल सरस जीवन रहे, करे प्रकृति से प्यार।
जिसे भान इसका नहीं, हो जाए बीमार।।

प्रतीक्षा

आज अयोध्या धाम में, बजे बधाई गान।
राम लला के जन्म पर, आनंदित भगवान।।

धूम अयोध्या में मची, रानी सब बेहाल।
महल ख़ुशी से झूमता, सारे हुए निहाल।।

गई प्रतीक्षा की घड़ी, आए हैं श्री राम।
पाँव पखारण को लगे, हुए सुबह से शाम।।

भव्य बना मंदिर वहाँ, जहाँ मिले श्री राम।
मूर्ति बहुत विशाल बना, यही परम है धाम।।

हुई प्रतीक्षा ख़त्म अब, जन्म लिए भगवान।
लगा दिया आसन वहाँ, आए हैं श्री मान।।

विरह प्रतीक्षा ख़त्म थी, आए मन के मीत।
मन हर्षित होने लगा, हृदय लगाया प्रीत।।

प्रति दिन की थी लालसा, आएँगे भगवान।
जूठे बैरन चख लिये, होते कृपानिधान।।

स्वजन

बचपन की नादानियाँ, आती है जब याद।
हर्षित होता मन तभी, सोचा था तब बाद।।

बात -बात में स्वजन का, करें नहीं अपमान।
कभी स्वजन रूठे नहीं, रखना इसका ध्यान।।

मित्र-शत्रु हित का अहित, करते सदा प्रयास।
बात-बात मतभेद से, सुधि जन मन आभास।।

जो सुख-दुख साथी बने, करना मत अपमान।
हुए स्वजन से वो बड़े, उनपर कर अभिमान।।

स्वजन बिना सूना लगे, सकल धरा परिवार।
रिश्ते झूठे हो अगर, होता दु:ख हज़ार।।

सज्जन होते हैं वही, करें सभी का मान।
परहित सेवा जो करे, बनते वही महान।।

बने हितैषी दुख पड़े, उन पर करना नाज।
मूर्ख लोग दुर्जन बने, आती न उन्हें लाज।।

क्रंदन

क्रंदन कभी न कीजिए, बिगड़े सारे नाम।
शांत चित्त से ही मिले, सुंदर सुघड़ मुक़ाम।।

क्रंदन बच्चे जब करे, हुआ ध्यान जब आज।
हो-हल्ला के बाद ही, बनता उनका काज।।

माता जब क्रंदन सुने, भरता मन उल्लास।
जन्म हुआ बच्चा तभी, जागा दिल में आस।।

अवधपुरी क्रंदन करे, वन जाते श्री राम।
राम-राम राजा रटे, अंत गए सुर धाम।।

अंत गए सुर धाम जब, छाया मातम आज।
सूना हुआ सुख धाम तब, विकल हृदय आवाज।।

मचता हाहाकार जब, राम गए वनवास।
छोड़ गए थे जब महल, क्रंदन होता ख़ास।।

निर्मोही

छोड़ चले परिवार को, कहलाए वह संत।
निर्मोही संसार से, किए मोह का अंत।।

निर्मोही मत मानिए, जग में हैं इंसान।
कृपा ईश की है यहाँ, मानव में भगवान।।

छोड़ चले जाते वही, निर्मोही संसार।
कहलाते वो संत ही, त्याग दिया परिवार।।

निर्मोही कहला रहे, जिन्हें न होता दर्द।
दर्द दूसरों को दिए, कहला जाते मर्द।।

मर्द दिखा मर्दानगी, करते हैं दुष्कर्म।
जनता भी नामर्द बन, बना रहा बेशर्म।।

निर्मोही बनकर वहीं, बिछा दिया वह जाल।
लगता ईश्वर डर नहीं, बदल लिए हो चाल।।

निर्मोही मत मानिए, संतों का वह धर्म।
चतुर बना इंसान वह, करता तभी कुकर्म।।

कलम

रखती अपनी कलम को, घर है उसका म्यान।
इसकी ताक़त जानिए, रखिए इसका ध्यान।।

इससे स्नेह करती हूँ, देती हूँ सम्मान।
इसको मुझसे प्रेम है, हरदम देती ज्ञान।।

आते मन में ख़्याल जब, कलम उठाते हाथ।
लिखे उद्ग़ार तब सभी, कलम दी थी साथ।।

बेदर्दी था दिल यहाँ, लिखती मन की भाव।
कलम दर्द को समझ कर, लिखता दिल की घाव।।

हुई अनोखी बात जब, लिखी कलम से रात।
समझ कहे जज्बात को, लिख दी अपनी बात।।

कलम उठा ले हाथ में, लिखती अपनी बात।
द्वेष क्लेश की भावना, लिख दी सारी रात।।

कलम सिपाही बन गई, देश प्रेम का भाव।
लिख देती विस्तार से, सबके मन की घाव।।

प्रेम

दीवाना बन कर गई, आई तेरे पास।
रखना सीने में मुझे, यही जगी थी आस।।

सुद बुध खो मीरा गई , प्रेम दिवानी आज।
लोक लाज सब भूल कर, छोड़ गई समाज।।

बनी बावरी प्रेम में, विष का प्याला हाथ।
दीवानी मीरा हुई, राणा भी थे साथ।।

दीवानी मीरा बनी, भई बाबरी तात।
प्रेमी कान्हा की बनी, जग को देती मात।।

प्रेम जाल में फँस गए, जग में थे बदनाम।
संस्कृति अपना भूल कर, बदल गई सब काम।।

यह घर ऊँचा प्रेम का, लगे बहुत एकांत।
तन्हाई में डूबा हुआ, जैसे कोई संत।।

दीवानी थी प्रेम में, किया कृष्ण से प्यार।
रास रचाने आ गई, कर कान्हा से रार।।

जन रामायण लिख दिया, कवि कवित्री मिल आज।
कोना –कोना देश का, आह्लादित कर काज।

वाणी

वाणी संयम से सदा, प्रकट करो उदगार।
रहे शब्द गरिमा बनी, कथनी में हो सार।।

व्यथित भाव संजीवनी, शब्द सुधा रस घोल।
अंतर पीड़ा कम करे, मीठी वाणी बोल।।

अंतर्मन की हो व्यथा, रखना संयम पास।
सरल सरस जीवन बने, जीने की है आस।।

बड़बोला अच्छा नहीं, रखना संयम पास।
वाणी मीठी हो अगर, जीवन बनता ख़ास।।

मीठी वाणी बोलिए, जग में होगा नाम।
भाव अनूठी देख कर, होना मत बदनाम।।

बोल मधुर रखते सभी, जगत है समझदार।
मधुर मृदुल वाणी रहे, रखते मृदुल व्यवहार।।

वाणी मीठी बोल कर, जीत लिया दिल आज।
मेधावी बन धूमते, पहन लिए तब ताज।।

समारोह

शादी है दो दिल मिलन, लेते फेरे सात।
हर फेरे में प्रश्न है, समझ सभी इस बात।।

दूल्हा घोड़ी चढ़ चले, झूमें नाच कमाल।
दुल्हन सखियों संग चल, आई ले जयमाल।।

आमंत्रित जो लोग थे, लगा दिये वे भीड़।
शादी समारोह चला, जंग गया तब छिड़।।

समारोह था चल रहा, उमड़ पड़ी थी भीड़।
शादी का माहौल था, भगदड़ कर दी चीड़।।

आमंत्रण पर सभी गए, भीड़ अनेकानेक।
भोजन का भरमार था, खाए विभिन्न केक।।

विभिन्न ड्रेस में सजे थे, सज धज के नर नार।
समारोह में थे सभी, ख़ुशियाँ मना अपार।।

नशा

चढ़ते शराब की नशा, जीवन हुआ बर्बाद।
घर लूटा तबाह हुए, कैसे घर हो आबाद।।

बीमारी जब घेरती, करें नशा जो लोग।
नशा खोर वाले यहाँ, करे न जीवन भोग।।

शिक्षित थे या अशिक्षित, सदा रहें आजाद।
नशा खोर वाले यहाँ, किए काम बर्बाद।।

होता जब समाज बुरा, नशेड़ियों की भीड़।
खैनी गुटका पान खा, घुस जाते सब नीड़।।

फँसे नशे के जाल में, बच्चे और बुजुर्ग।
तब शरीर जर्जर बना, जो था पहले दुर्ग।।

मन कुंठित होता रहा, नशे का लगा रोग।
हेय दृष्टि रखते सभी, अब समाज के लोग।।

अच्छी सेहत के लिए, रहें नशा से दूर।
जर्जर शरीर हो रहा, वहीं नशा में चूर।।

अक़्ल

अक़्ल बड़ी या भैंस है, कहते चतुर सुजान।
शक्ल बड़ी मासूम है, कैसे हो पहचान।।

अक़्ल शक्ल अंतर बड़ा, गुणी गुणे हैं जान।
सदा गुणी को मानिए, अक़्ल बिना पहचान।।

अक़्ल हुई सबसे बड़ी, उसकी हो पहचान।
जो भी अक़्ल से भिड़ता, होता वो नादान।।

काम अक़्ल से कीजिए, बने नहीं नादान।
छोड़ अक़्ल जो भी गए, उसे हुआ नुक़सान।।

काम क्रोध मद लोभ से, बचा रहे संसार।
गुणी गुणे गुण दोष को, मिलती खुशी अपार।।

अक़्ल हुई उसकी बड़ी , शक्ल बहुत नादान।
भाग्य बड़ा सबसे यहाँ, कहते सकल सुजान।।

श्रम

श्रम से जीवन हो सुखी, हारे कभी न आप।
जीवन उज्वल हो वहाँ, घेरे कभी न शाप।।

करते श्रम दिन–रात जो, मंज़िल होता पास,
कर्मशील इंसान ही, होता सबसे ख़ास।।

श्रम करने से भागते, होते सब से दूर।
हुए कर्महिन वो सभी, खोते अपने नूर।।

क़ानूनी अपराध है, लेते जो श्रम बाल।
डर कर वह रहते सभी, हुए हाल बेहाल॥

काम क्रोध मद लोभ से, बचा रहे संसार।
गुणी गुणे गुण दोष को, मिलते खुशी अपार॥

अक़्ल हुआ सबसे बड़ा, उसको ही पहचान।
अक़्ल से भिड़े जो कभी, होता वो नादान॥

बाल दिवस

चाचा नेहरु ने दिया, बाल दिवस उपहार।
बच्चों के दिल में बसे, करते दिल से प्यार।

बाल दिवस के रूप में, दिन है आज महान।
चाचा नेहरु हम कहें, देश करे अभिमान।

सभी मनाते छुट्टियाँ, बाल दिवस है आज।
मेला लगता है यहाँ, मौज मस्ती साज।।

बाल दिवस के नाम पर, मची हुई है धूम।
मगर कहीं पर बाल ही, रोटी से महरूम।।

चाचा नेहरु ने दिया, जीवन का वह सार।
रखना हिम्मत हौसला, डर कर कभी न हार।।

रोटी वास्ते तरसते, बच्चे हैं नादान।
दर-दर ठोकर खा रहे, भटक रहें है जान।।

गौ माता

अमेरिका इंग्लैण्ड भी, करने लगे बखान।
दूध –दही, बिन छाछ–घी, चले न जीवन जान।।

समझा है यूनान ने, लगा–लगा के जोड़।
खाएँ जो गौ मांस यदि, बढ़ जाएगा कोढ़।।

बछिया होती है अगर , देती फिर वह दूध।
बछड़ा हो जाए मगर, खेत जोत बेसूध।।

आज सुरक्षित हैं नहीं, मातृ, धरा गौ तीन।
इनकी रक्षा जो करे, उसको कहे प्रवीन।।

गौ सेवक थे कृष्ण जी, सभी जानते हाल।
गोपालन कहते सभी, कहलाये गोपाल।।

गौ सेवा सुख सार है, कहते इनको पूज।
रोम–रोम में देव हैं, देव नहीं जग दूज।।

अति उपयोगी गाय है, कटता रोग तमाम।
माता इनको मान कर, करते सभी प्रणाम।।

परिवार

साथ मिला परिवार का, सुखी रहा संसार।
छोड़ दिए परिवार जब, जाता भाग्य हार।।

धैर्य एक वरदान है, शांति एक उपहार।
तभी मिले ख़ुशियाँ उन्हें, वही सुखी परिवार।।

सुख दुख में परिवार का, रहे हर कदम साथ।
साथ कभी छोड़े नहीं, पकड़ें उनका हाथ।।

जो खग नभ ऊँचा उड़े, रखें आत्मविश्वास।
मंजिल मिलता हर जगह, रहे सुखद पल पास॥

बिन समाज परिवार में, मिलता नहीं सुकून।
दु:ख–दर्द का साथ हो, अपने रखें जुनून।।

मिले परिवार में कभी, मिलता सदा संस्कार।
आदर बुजुर्ग का नहीं, कहाँ दिखे परिवार।।

ख़ंजर

जाति धर्म के नाम पर, करें नहीं नुक़सान।
ख़ंजर न भोंक पीठ पर, हो जाए हैरान।।

ख़ंजर मत ले हाथ में, धार बहुत है तेज।
शांत चीत अपना रखें, रख दें उसको मेज़।।

ख़ंजर चलते थे यहाँ, डरे रहे थे लोग।
जात पात के होड़ में, कहाँ मिलेग़ा भोग।।

कड़वी बातें बोल के, करिए मत नुक़सान।
ख़ंजर सम मत काटिए, होगें खुद हैरान।।

ख़ंजर लेकर जो चले, दिल में रखता पाप।
द्वेष कलह के फेर में, देता है संताप।।

ख़ंजर हो यदि हाथ में, करना मत अभिमान।
राग द्वेष को छोड़ कर, रखिए इसको म्यान।।

हृदय बसाए मीत

शब्द बहाए प्यार में, नैन बहाए नीर।
सुनी तराना मीत ने, तनिक धरेंगे धीर।।

किसे सुनाऊँ मैं पिया, वही पुरानी गीत।
शाम सुहानी हो चली, बात बनाये मीत।।

वेणु बजाते मुरारी, और बजाते साज।
चलो चलेंगे साथ ही, मीत सुनाये रा जीज।।

कहे जमाना आपसे, छोड़ पुरानी रीत।
वहीं सुनाते मीत जब, मधुर सुहाना गीत।।

तान छेड़ते प्यार से, नदी किनारे मीत।
हुई सुहानी शाम तब, सुखद सलोने गीत।।

चलो चलेंगे दूर हम, रहें अकेले मीत।
मलय बयारें बह चली, राग-रागिनी गीत।।

शाम सुहानी हो रही, मधुर पुरानी याद।
मीत चलेंगे संग में, बैठ बजाए नाद।।

आज मुरारी संग में, छेड़ अनोखे गीत।
सुनी राधिका पास थी, रंग दिखाए मीत।।

एकता बनाए रखें

रहे एकता देश में, जज्बा रखते आप।
तोड़े कोई हौसला, दे जाते संताप॥

महापुरुष ने राष्ट्र को, दिया सरल संदेश।
अखंडता में एकता, यही मंत्र का वेश ॥

देश सभी क्यों बाँटते, हुआ बुरा अंजाम।
हाथ एकता का बढ़ा, बनते सारे काम॥

जात-पात को छोड़ कर, रहते एक समान।
काम एकता से करें, छोड़ें अपनी आन ॥

इसी धारणा से सभी, रखते मन की बात।
रहें एकता से सभी, बल तब मिलता सात॥

शांति-अमन पथ एकता, रखें इसे संभाल।
अच्छे कर्मों को करें, नहीं बिछायें जाल॥

भारत माँ से प्यार कर, बनता वही सपूत।
टूटे कभी न एकता, मिलता मान अकूत॥

हम सब बच्चे देश के, दिखे एक ही रूप।
जहाँ कहीं हो एकता, वहीं दिखे हैं धूप॥

राजा हो या रंक जो, रहते एक समान।
मार्ग एकता का चुने, जीते अपनी शान॥

बरसात

छाई है काली घटा, घुमड़ रही चहुँ ओर।
रिमझिम हो बरसात तब, घटा घिरे घनघोर।।

काले बादल झूम कर, लाई है बरसात।
झूमा अंबर अरु धरा, जन मानस हर्षात।।

इंद्रधनुष दिखने लगे, कभी बीच बरसात।
लगते जैसे ठहर कर, करते मीठी बात।।

ताल-तलैया सूखे पड़े, प्यासे सारे लोग।
घनी बरसात हो रही, पास न आए रोग।।

रिमझिम बरखा ले गई, छाई ठंडी बायर।
झमक रही बरसात अब, पाया यह उपहार।।

धानी चूनर ओढ़ कर, धरती हुई निहाल।
मौसम है बरसात का, बदल रही अब चाल।।

फूलों से लदने लगी, फिर कदम्ब की डाल।
तेज बरसात हो रही, सेहत का रख ख़्याल।।

मोर पपीहा बोलती, छेड़े मीठे तान।
शोर मचा दी मोरनी, दादुर भी हैरान।।

रिमझिम बारिश हो रही, भरे खेत खलिहान।
ताल-तलैया भर गए, हर्षित हुए किसान।।

प्रेमातुर

विविध रूप धारण करे, दो तन मिलने आज।
प्रेमातुर हो दौड़ते, सुनते ही आवाज़॥

राधा माधव प्रेम में, अजब छुपा है राज।
प्रेमातुर में जब पड़े, लगे बजाने साज ॥

वंशी की आवाज़ सुन, दौड़ी राधा आज।
कृष्ण की सुनी बाँसुरी, छोड़ गोपियाँ काज॥

जोड़ी राधे श्याम की, प्रेम जगत में सार।
एक–दूसरे के लिए, दोनों ही आधार॥

राधा को इत–उत दिखे, चार दिशाएँ धाम।
अकुलाई थी प्रेम में, लेकर मुरली नाम॥

भरी सभा में द्रौपदी, बनी रही बेकार।
आँख मूँद गूहारती, आओ तारणहार॥

प्रेमातुर हो सुन रहे , सुन ली थी आवाज़।
सारे अपने मौन थे, नहीं बची थी लाज॥

आई मुरली तान सुन, राधा जमुना तीर।
खड़ी वहाँ थीं गोपियाँ, कान्हा बिना अधीर॥

प्रेमातुर बातें गजब, सुन मुरली की तान।
राधा बिन कान्हा नहीं, राधा थी अनजान ॥

मीठा जहर

मानव बन मीठा ज़हर, बदला अपना वेश।
हौले–हौले दे रहा, सारा वह संदेश।।

चढ़ा इश्क़ का यदि नशा, जाना मत तुम भूल।
बना वही मीठा ज़हर, चटा दिया तब धूल।।

दिखता उसका तब असर, कड़वी बातें बोल।
लगता मीठा ज़हर –सा, खुलता जाता पोल।।

पिला दिया मीठा ज़हर, आदत थी बेकार।
भोली सूरत को दिखा, चढ़ता इश्क़ बुख़ार।।

नेता मीठा ज़हर दे, किसकी खोलें पोल
अपनी ढकने के लिये, बजा रहे हैं ढोल !

बात व्यर्थ की वो करें, फँस जाते हैं लोग।
लगते वे मीठा ज़हर, मकड़ जाल का योग।।

वाणी में विद्रूप हो, शब्दों में उपहास।
बोल लगे मीठा ज़हर, यह कैसा परिहास ?

जीवन जीने के लिए, लिए एक संकल्प।
उगलें जो मीठा ज़हर, दूरी रखते अल्प।।

यारों घोलो मत ज़हर, होते तुम बदनाम।
सारे नेता एक से, व्यंगवाण से काम।।

तुमसे राहत तुमसे दर्द

आशाएँ जब टूटती, बाधाएँ दिन रात।
तुमसे राहत थी मिली, बेदर्दी-सी बात।।

आकांक्षी बन थे फिरे, बेहायी हर बार।
दुष्कर्मों से घिर गये, गांधारी बन हार।।

तुमसे राहत थी मिली, तुमसे मिलता दर्द।
गोविन्दा जब साथ हों, हारेंगे हर मर्द।।

चैतन्या प्रभु की कृपा, संस्कारी थे लोग।
लाभार्थी हम आप थे, धर्मार्थी बन भोग।।

खामोशी से आप भी, पूछेंगे हर बात।
राहत देते हैं नहीं, अज्ञानी दे मात।।

गोविन्दा आशीष दें, संस्कारी पहचान।
आभारी हम आप हैं, दातारी भगवान।।

तुमसे राहत थी मिली, तड़पाया भी खूब।
दर्दिली वो रात थी, खामोशी में डूब।।

सत्कर्मी दुनिया रहे, बेदर्दी भगवान।
अज्ञानी बन थे फिरे, अंजानी सी जान।।।

तुमसे राहत थी मिली, किया एक ही अर्ज।
सहकर्मी वह मीत थे, नादानी के मर्ज़।।

सावन बीता जा रहा

सावन बीता जा रहा, बीत रही है रात।
पिया मिलन की आस में, सूनी सारी बात।।

पिया गए परदेश में, कैसे बूझे प्यास।
तरस रहे नयना भरी, कबतक लगते आस।।

चली बयारें प्रीत की, किसे सुनाऊँ गीत।
धड़क रहा है दिल यहाँ, पर न निभाई रीत।।

कर सोलह शृंगार जब, बैठी आँगन साज।
आयेंगे साजन लिए, बैठूँगी बड़ नाज।।

खनखन बाजे चूड़ियाँ, पैरों महावर लाल।
हाथों में गजरा लिए, सुर्ख़ हुआ तब गाल।।

हृदय मचलता ही रहा, पिया मिलन की आस।
तन्हाई छाई रही, बातें हुई न ख़ास।।

सावन बीता जा रहा, पुरवा हुई न शांत।
इंतज़ार में गुजरता, कैसे मिटते भ्रांत।।

स्वप्न सुहाने सच करें, आयें प्रियतम पास।
गीत सुहाना हो रहा, बीतेगा दिन ख़ास।।

रात सुहानी तब कटी, साथ चलेंगे मीत।
मस्त मयूरा दिल हुआ, बजे सुरीली गीत।।

बतकही

हाय–हाय ये क्या हुआ, गजब किया यह बात।
सुने नासमझ मत बने, उलझन में हो रात।।

सोच समझ कर बोलना, बने नहीं नादान।
हर पल हर क्षण मृदु वचन, मिलता है सम्मान।।

दो औरत की बतकही, हो जाती बदनाम।
हरदम बातों में उलझ, सही बिगाड़ी काम।।

खड़ी–खड़ी घर सामने, करती कितनी बात।
कभी दिखाती क्रोध वह, बातों की बरसात।।

दुनिया के ही सामने, खेले अपनी खेल।
पतझड़ भी ठिठक गए, करते किससे मेल।।

इसीलिए कहते मगर, करें मत नोक–झोंक।
पास पड़ोसी ही सदा, सुख–दुख को दें रोक।।

हिम्मत पड़ोस ही करे, बाधाओं में काम।
आते निबटे काम सब, दोस्त निभाते आम।।

प्यार मगर करते सभी, अनजाने में लोग।
अच्छे बूरे छोड़कर, लगे आनंद रोग।।

तर्पण

तर्पण श्रद्धा से करें, है पवित्र यह काज।
पितृदेव को तारने, प्रथम दिवस है आज।।

सारे मिलकर ही करें, रखकर श्रद्धा भाव।
श्राद्ध प्रेम पूर्वक करें, देकर भोजन चाव।।

प्रथम पक्ष आश्विन करें, दें पुरखों को दान।
पाप मुक्ति के लिए, करते तर्पण जान।।

पापों से अब मुक्ति लें, दिया शास्त्र ने ज्ञान।
दान दक्षिणा दें करें, भोजन का है मान।।

श्रद्धा से तर्पण करें, दान दिए कर याद।
करते वंदन मिल सभी, करें अर्पित श्राद्ध।।

अपने पुरखों का करें, श्रद्धा भाव से याद।
शीश नवाकर प्रेम से, दान पुण्य लें बाद।।

दान दक्षिणा दें करें, भोज करे औकात।
झूठी शान शौकत से, खा जाते तब मात।।

दें निर्धन को दान ही, मिलता है आशीष।
पितरों का तर्पण करें, मिलें हैं देवाशीष।।

सभी रहें सुख शांति से, हो खुशहाली वास।
रोग दोष सब दूर हो, ऐसा हो विश्वास।।

संकट मिटे कष्ट हरे, पूर्वज निमित्त काज।
शुभ वंदन उनका करें, नहीं हमारे आज।।

भोला भंडारी

जपो जपो शिव जपो, शिव ही पालन हार।
डूब गया शिव भक्ति में, सारा यह संसार।।

शिव शंकर दरबार में, भीड़ लगी है आज।
आए दर्शन के लिए, पूजा थाली साज॥

शिव हैं भूखे भाव के, गौरी यहाँ उदार।
गंगाजल की भेंट ले, करते नैया पार।।

भोले शंकर याद कर, आ जाए विश्वास।
गंगा जल के धार हीं, आए शिव को रास।।

चंद्र सोहे हैं जटा, भस्म रमाए अंग।
चंदन सोहे भाल में, और पिए हैं भंग।।

फूल बेलपत्र हाथ ले, आए भक्तन द्वार।
दु:ख दर्द भोले हरें, डूबा है संसार।।

हर–हर गंगे बोल कर, आते भक्तन द्वार।
भांग धतूरा प्रिय लगे, भोला खाये प्यार।।

हर–हर गंगे ही कहे, गौरा जी हैं प्राण।
गणपति छोटे पूत हैं, करें जगत कल्याण।।

शिव शंकर

आया सावन मास है, ख़ुशियाँ अपरम्पार।
भजते भोले नाथ को, होता बेड़ा पार।।

रहते हैं कैलाश गिर, भस्म लगाए अंग।
इन्हें चढ़ाए बेलपत्र, भांग धतूरा संग।।

ब्याह रचाने को चले, शिव शंकर हे नाथ।
भूत प्रेत बरात सभी, लाए अपने साथ।।

भूत प्रेत पिशाच लिए, चले बराती साथ।
झूम –झूम कर नाचते, लिए हाथ में हाथ॥

शिव शंभु कैलास पती, लिए हैं डमरू हाथ।
भोले नाथ कृपा करें, रखें आशीष माथ॥

शिव महिमा को जानिए, खड़े भक्त जन द्वार।
आए दर्शन के लिए, कर दें बेड़ा पार।।

गंगा जल अभिषेक हो, गंग जमुन जल धार।
शीश चढ़ाते हैं सभी, दुग्ध पुष्प हर बार ॥

भोले शंकर नाथ की, करते जयजयकार।
शिव शम्भु कैलाश पती, जग के पालन हार॥

गाते सब गुणगान जब, बम–बम भोले नाथ।
हाथ जोड़ विनती करें, दिए आशीष माथ।।

कठपुतली

रोज़ नियंता हाथों चढ़ी , नारी का श्रृंगार।
हुई कहाँ प्रारब्ध फिर, लगे शूल हर बार।।

जीवन बना कठपुतली, बेदर्दी हैं लोग।
कोई थामे डोर हमेशा, कोई भोगे भोग।।

कर्मों का ही है नियति, कोई थामे डोर।
हर उँगली के नाच से, हो जाता तब भोर।।

नचती रहती हर दिशा, समझे न कभी दर्द।
दर्द बेतहाशा दिया, मिला दिया था गर्द।।

सच्चाई से दूर रख, रोज़ दिखाते नाच।
खेलें छुप्पन छुपा सभी, और छुपाएँ साच।।

हाथ पैर गर्दन झुले, सभी चलाते हुक्म।
बीन आज्ञा रुके नहीं, कहे कहानी सूक्ष्म।।

कठपुतली जीवन बना, रिश्तों की वह डोर।
मायावी इस जगत में, आशावादी भोर।।

रोज नियंता ही चढ़ी, धागे मिलें हज़ार।
बहुत मजबूत डोर थी, जो चाहे लें बघार।।

गांधारी बन नाचती, कठपुतली –सी नाच।
ली विश्वासी डोर जो, आएगी दिन साँच।।

नारी शक्ति

नारी साहस की देवी, मिलता शक्ति अपार।
दुर्गा, काली रूप की, मिला उन्हें भंडार।।।

विस्मृत बनकर मत रहो, मत सह अत्याचार।
उठा खड़ग ले हाथ में, दुष्टों का संहार।।

नारी तुम अबला नहीं, ज्याला प्रचंड धार।
कलयुग चण्ड मुण्ड बनी, करो तभी संहार।।

समझो अपनी शक्ति को, करना तुम्हें विचार।
पतित पावनी कह तुम्हें, रख निर्मल व्यवहार।।

सृष्टि रचयिता कह रहे, करते दुर्व्यवहार।
विस्मृत बनकर मत रहो, करते अत्याचार।।

त्रेता युग कहते नहीं, आयेंगे श्री राम।
रक्षा अपनी खुद करो, पाओ नया मुकाम।।

शस्त्र उठा लो हाथ में, रौंद दो दुराकर्म।
अबला मत सबला बनो, और निभाओ धर्म।।

श्रद्धा की देवी कहें, दया ममत संयोग।
अभिलाषा रखते वहीं, कहते प्रेम वियोग।।

शब्दों में कविता बना, लिख दिया आसान।
नारी का सम्मान कर, जग में बने महान।।

गीत-जीवन है संग्राम।

जीवन उलझन में पड़ी, जीवन का संग्राम।
मजबूरी होती नहीं, करना मत आराम।।

सुबह-शाम के नाम पर, रखना है आधार।
तभी चलेगी जिंदगी, अक्षर-अक्षर सार।।
बढ़ कर आगे देख लो, पाओगे अंजाम।
मजबूरी होती नहीं, करना मत आराम।।
जीवन उलझन में पड़ी ।

जब-जब आहें भर रही, जीवन की हो हार।
धर्म-कर्म लेकर चलें, मिले सहज परिवार।।
दुनियादारी देख लें, अनुपम लगा मकाम।
मजबूरी होती नहीं, करना मत आराम।।
जीवन उलझन में पड़ी ।

ईश्वर का जो रूप है, मत करना बदनाम।
बदल दिया गुरूर जब, मिट जाएगा नाम।।
बनो नहीं नादान तुम, प्यार दिया आवाम।
मजबूरी होती नहीं, करना मत आराम।।
जीवन उलझन में पड़ी

हिंदी पर दोहे

हिंदी संस्कृत की सुता, रखते उनका ध्यान।
वर्ण स्वरों के मेल से, भाषा का हो ज्ञान॥

हिंदी भाषा हिंद की, होती है पहचान।
राष्ट्र भाषा हिंदी हो, इसका रखना ध्यान॥

हिंदी भाषा हिंद की, देश बनी पहचान।
भारत गौरवमय रहे, गाओ इसकी गान॥

भाषा हिंदी जान से, प्यारा लगता आज।
हिंदी बिना हिंद नहीं, यही हमारी नाज़।।

विश्व जगत में मान हो , हिंदी सबकी शान।
जन–जन की भाषा रहे, भारत बने महान।।

कहते देवों की लिपी, हिंदी का आधार।
ज्यों सागर के सीप में, मोती ले आकार।।

सुंदर सरल विचार से, करे दिलों पर राज।
मानस की हर पंक्ति को, सजा दिया है साज।।

हिंदी सरल भाषा बनी, हिंदी सभी की जान।
हिंदी बिना जीवन नहीं, हिंदी सभी की शान।।

हिंदी हिन्दोस्तान है, भारत की पहचान।
सभी देश वासी खड़े, हिंदी उनकी शान।

काजल

रात ढले फुहार पड़े, झूमा है संसार।।

रंग-रंग के पुष्प है, बनते सुंदर हार।
गुनगुन भौंरा कर रहा, मिला नया आहार।।

समय अजब है आ गया, भूलें हैं सब भाव।
बदला जीवन जायका, बिगड़ा आज स्वभाव॥

धर्म -कर्म के आड़ में, लूट रहें हैं लोग।
बिगड़ चुके हैं जायका, करें यहीं सब भोग॥

कर्म अजब है लोग का, सुने नहीं अब बात।
आना-कानी कर रहें, होता नहीं प्रभात॥

कभी हार में जीत है, कभी जीत में हार।
चाहत रहती चाह में, न रखें मन में भार।

आँखों में काजल लगा, आए महफ़िल आज।
देखन में प्यारे लगे, सुंदर तेरी साज॥1॥

लाती अंबर रात में, तारों की बारात।
काजल से उतार नज़र, परिछे दुल्हन रात॥

रातें काली हो वहाँ, दिया नहीं सौग़ात।
आँखों से काजल बहा, बता गया कुछ बात।।

माता

पीर प्रसव माता सहे, कुदरत का है रीत।
माँ ही है पहली गुरु, करती सबसे प्रीत।।

धूम मचा सारा अवध, आए सीता – राम।
फूल की वर्षा हो रही, प्रिय पति श्री शाम।।

लौटी आई घर सिया, संग–साथ श्री राम।
फिर सब छोड़ चलीं गई, जहां किया बदनाम।।

नमन करूँ मैं जानकी, कृपा करो हे मात।
जगत कल्याण भी करो, दु ःख का हो निजात।।

हर दिन की थी बात जो, सुना रहे थे आज।
हर ग़म को वो पी लिए, बता दिए हर राज॥

एक झूट लगे ढँकने, बोले सौ सौ झूट।
सच का द्वार बंद किया, मचा दिया है लूट।।

धूम मचा सारा अवध, आए सीता – राम।
फूल की वर्षा हो रही, प्रिय पति श्री शाम।।

लौटी आई घर सिया, संग–साथ श्री राम।
फिर सब छोड़ चलीं गई, जहां किया बदनाम।।

हर दिन की थी बात जो, सुना रहे थे आज।
हर ग़म को वो पी लिए, बता दिए हर राज॥

मज़दूर

बल से ही मज़दूर के, होते सारे काम।
उचित दाम मिलते नहीं, कभी काम के दाम॥

दिन–रात मेहनत करें, फिर भी हैं मजबूर।
रोटी खाने को नहीं, जमीं नहीं था धूर॥

रोटी कपड़ा चाहिए, चाहे एक मकान।
रखना उनका ध्यान है, उनके भी अरमान॥

उच्च विचार है उनका, कोई सुने न दर्द।
दिन –रात खटते रहते, गर्मी हो या सर्द॥

मात–पिता के शरण में, मिलते चारों धाम।
सुंदर सजता घर जहां, चरण में सुबह–शाम॥

रोटी पाने के लिए, गए शहर मज़दूर।
रोटी बेईमान था, दे दिया उन्हें ज़हर॥

श्रमिक सभी इंसान हैं, दिन भर करते काम।
भूखे पेट काम करें, मिले नहीं आराम ॥

खून–पसीना बहा कर, करते रहते काम,
नहीं रोटी नसीब हो, खटे सुबह से शाम॥

करे कमाई रोज़ तो, पेट भरें मज़दूर।
काम बिना भूखे रहें, रोटी कोसो दूर॥

धरती अपनी

धरती थी अपनी नहीं, करें काम जी तोड़।
हाड़ तोड़ काम करते, पैसा मिलता जोड़॥

भीषण गर्मी ताप से, झुलस रहा संसार।
नदी नाले सूख रहे, मचा है हहाकार॥

राह नहीं आसान है, जीवन ऐ नादान।
सार कठिन संसार का, मानव तू पहचान॥

मिट्टी तो मिटती नहीं बदले केवल रूप।
कभी बने ये कोयला, बदले कभी स्वरूप॥

पेड़ लदे फल आम से, झुकी जा रही डाल।
सार कठिन संसार का, मानव समझे हाल॥

दूर गगन की छाँव में, बिछा दिया है जाल।
अपने मन को थाम ले, न हो बेहाल॥

डाल –डाल से पात पर, बिखर गए हैं ओस।
मोती बना बिखर पड़ा, चले गए थे कोस॥

श्याम तुम्हारे रूप में, बसते चारो धाम।
मथुरा में यमुना बहे, होती सुंदर शाम॥

वृक्ष बिना बादल नहीं, वृक्ष माता सा रूप।
देता ठंडी छाँव जब, खुद तप–तप कर धूप॥

उड़ान

सुख–दुख की हर वह घड़ी, भरते रहें उड़ान।
काँटों से भी प्यार है, करते सब का मान॥

कोशिश जीवन में करें, मन से न कभी हार।
करते उनकी सामना, हो जीवन उद्धार॥

कोशिश करते हैं सदा, खुलते लक्ष्य द्वार।
ऊँचे चढ़ते गिर पड़े , चींटी अभी दिवार॥

रखते हैं जब हौसला, विचरण कर आकाश।
देखें उनकी ये मजा, पूरी होती आश।।

कहते हैं पंछी तरह, लगा लिया था पंख।
जब उड़ने का ख़्वाब था, बजा रहें थे शंख॥

पंछी बन जब उड़ चले, मचले हैं अरमान।
जितने गहरे घाव थे, उतनी बड़ी उड़ान॥

सपनों की उड़ान भरें, करना मत बेकार।
अंधकार छाने लगा, छुपा रहा उजियार॥

उड़ान भर गुमान न कर, बड़ी कठिन है राह।
उलझन बढ़ती गई, बढ़ती जाती चाह।।

जीत हर राह पर रहें, मन में करें विचार।
हार–जीत लगा रहता, करना मत व्यभिचार॥

अपना गाँव

याद सदा आती रही, वही पुराना गाँव।
अम्मा की ममता भरी, आँचल की थी छाँव।।

चल परदेशी गाँव में, बीती यादें साथ।
याद उन्हें आती रही, बीते दिन की बात॥

लोग यहाँ अपने नहीं, गाते अपनी राग।
हृदय व्यथित सा हो रहा, हिय में उठता आग॥

नेह ढूँढने को चले, झूठा इनका प्यार।
खोली गठरी याद की, बहती अशुअन धार।।

झुनुक-झुनुक घंटी बजे, हमें बुलाते गाँव।
शाम ढले धूल उड़ती, गौएँ लौटी ठाँव।।

एक आम का पेड़ था, बहुत बड़ा था पेड़।
मीठा-मीठा आम था, लेने आए मेड़।।

दादा का चौपाल था, सुनते सबकी पीर।
दादी की मुस्कान थी, लगती सुंदर हीर।।

सुबह-सुबह चूल्हा जले, बहे दूध की धार,
गाय बछड़ा संग रहे, रोटी संग अचार।।

कच्ची खट्टी कैर थी, नमक लगाते खूब।
मिर्च संग चटकारते, सुध-बुध खोए ऊब।।

लेखक परिचय

नाम - **विभा वर्मा 'वाची'**

पति - श्री अरुण कुमार वर्मा GM Rtd MECON

पिता - स्व श्री कामेश्वर प्रसाद वर्मा

माता - स्व श्रीमती शान्ति वर्मा

जन्म - 11 दिसंबर

शिक्षा - BA Honrs, MA -इतिहास
प्रभाकर क्लासिकल म्यूज़िक
प्रयाग संगीत समिति इलाहाबाद
बंग भारती - कोलकाता
लाइट म्यूज़िक तबला -बंग भारती कोलकाता।

सहभागिता - लगभग पचास से भी अधिक साझा संकलनों में सहभागिता कर चुकीं हैं एवं छंद विधा में भी लेखन कर रहीं हैं।
छः गोल्डन बुक एवं लिमका बुक रिकार्ड में नाम दर्ज।
अशोक चक्र अवार्ड में साझा संकलन जनरामायण, कृष्णायान, शिवायन और अब गीतायन जैसे ग्रंथों में भागीदारी।
झारखण्ड राज्य की विशेषताओं पर विशेषांक साझा संकलन 'छंदमाल्य' में सहभागिता।

सम्मान - अनेक सम्मान से सम्मानित। पत्र पत्रिकाओं में रचनाएँ प्रकाशित।

एकल प्रकाशन - पाँच एकल संग्रह प्रकाशित - (1) काव्यारूण, (2) बचपन की उड़ान, (3) प्रेरणा के पंख लघु कथा, (4) काव्यांजलि